10/13

Ante el suicidio

Ante el suicidio
Su comprensión y tratamiento

Luz de Lourdes Eguiluz
Martha Hermelinda Córdova
José Carlos Rosales

Compiladores

EDITORIAL PAX MÉXICO

❧

DIRECTOR EDITORIAL: Miguel Escorza
COORDINACIÓN EDITORIAL: Matilde Schoenfeld
PORTADA: arte2 (www.arte2.com.mx)

© 2010 Editorial Pax México, Librería Carlos Césarman, S.A.
    Av. Cuauhtémoc 1430, Col. Santa Cruz Atoyac
    México DF 03310
    Tel. (5255) 5605 7677
    Fax (5255) 5605 7600
    www.editorialpax.com

Primera edición
ISBN: 978-607-7723-33-2
Reservados todos los derechos
Impreso en México / *Printed in Mexico*

Para Luis Fernando Aspuru,
una presencia imborrable.

Índice

Existen pocos actos que realizan los seres humanos que impacten tanto a sus semejantes como el suicidio o el intento de éste. Cuando nos enteramos de un intento suicida o de un suicidio consumado difícilmente alzamos los hombros y continuamos con nuestras actividades, nos detenemos brevemente después de enterarnos cómo sucedió, nuestro pensamiento es invadido por preguntas: ¿por qué?, ¿qué lo (la) llevó a atentar contra su propia vida?, ¿cómo es que llegó a pensar en quitarse la vida?, ¿acaso quienes convivían con él (ella) no se dieron cuenta?, y aun si se hubiesen dado cuenta, ¿podrían haberle brindado ayuda y así evitar el acto suicida?

Preguntas todas ellas muy difíciles de contestar, simplemente porque el que podría dar la respuesta ya no está, ha decidido dejar la vida, ha sucumbido ante lo que para él o ella era el insoportable dolor de vivir. Un poema anónimo de un suicida, refleja claramente esta condición:

> *Sick of crying,*
> *Tired of trying*
> *Yeah I'm smiling*
> *But inside, I'm…*
> *Dying.*

Es así que generalmente el suicida tiene contacto con la muerte mucho antes de llevar a cabo el acto definitivo, por lo que actualmente se entiende el suicidio no sólo como un acto, sino como "…una cadena de comportamientos no necesariamente secuenciales o indispensables, los cuales son: ideación suicida pasiva, contemplación activa del propio suicidio, planeación y preparación del acto, ejecución del intento suicida y suicidio consumado" (González-Forteza, Villatoro, Alcántara, Medina-Mora, Fleiz, Bermúdez, Amador, 2002). Desde luego el que se dispare tal secuencia de comportamientos no responde exclusivamente a una causa; en cada suicidio intervienen múltiples factores en diversa proporción, dependiendo de la historia y las condiciones específicas de la persona depositaria de tal acción. En el suicidio pueden intervenir factores biológicos, sociales, culturales, económicos, políticos, psiquiátricos, genéticos y psicológicos, motivo por el cual la aproximación de estudio a tal fenómeno deberá ser multi e interdisciplinaria. Por lo que la respuesta a las preguntas que se generan ante el estudio del suicidio no corresponde sólo a una disciplina, ya que el estudio del suicidio implica la necesaria interacción e integración de las distintas disciplinas que se han abocado al estudio y comprensión del ser humano, no sólo para entender y comprender tal comportamiento, sino también para coadyuvar en la generación de estrategias que incidan en la prevención y atención del suicidio.

El comportamiento suicida se ha incrementado en los últimos años, en todo el mundo. A partir del año 2001 la Organización Mundial de la Salud (OMS) consideró el suicidio como tema importante en salud pública por tres razones:

1. Es una de las principales causas de muerte entre la población joven en la mayoría de los países desarrollados así como en los que están en vías de desarrollo.
2. Existen grandes variaciones en las tasas de suicidio en el mundo, entre sexos y grupos de edad (indicador de la compleja interacción de factores biológicos, psicológicos y socioculturales).
3. Los suicidios de gente joven y de mujeres se han convertido en un problema creciente en todo el mundo.

Ante la importancia del suicidio en la sociedad contemporánea, este libro se plantea como un espacio de reflexión acerca del mismo y una contribución en el conocimiento científico de este tema, así como en la producción de perspectivas distintas de trabajo para la prevención y tratamiento de las personas que viven esta problemática. El libro lo integran aportaciones de investigadores de distintas disciplinas, quienes trabajan en diferentes instituciones que se han comprometido con la problemática y el estudio del suicidio, desde la reflexión que permite construir definiciones sobre los varios pasos que llevan al suicidio, para posteriormente desarrollar modelos de evaluación que faciliten la comprensión del evento. Este libro se inicia con un recorrido por la historia y la investigación, con las aportaciones que hacen Ana María Chávez y Luis Fernando Macías desde la Universidad de Guanajuato en la ciudad de León acerca de los lineamientos para el desarrollo de una ciencia contemporánea del suicidio, seguidas por el escrito de Sergio Juárez de la FES-Iztacala en el Estado de México, en torno a las definiciones y teorías del suicidio que nos ayudan a entender, conceptualizar y ubicar el problema del suicidio.

Desde una perspectiva distinta se presenta la investigación empírica con un enfoque psicosocial realizada por Catalina González Forteza y Alberto Jiménez Tapia, ambos del Instituto de Salud Mental Ramón de la Fuente, así como la investigación de lo que sería el proceso suicida realizada por Carlos Rosales, al igual que el estudio que presenta Martha Hermelinda Córdova, ambos investigadores de la FES-Iztacala, acerca del lugar que ocupa la desesperanza en la investigación del suicidio. Igualmente valioso es el estudio que presentan Quetzalcóatl Hernández y María Emilia Lucio, quienes han trabajado con población adolescente para desarrollar un modelo de evaluación del riesgo suicida, ambos investigadores de la Universidad Nacional Autónoma de México en el campus central.

Desde el lugar de lo social y de manera más amplia, Isabel Valadez, Raúl Amezcua y Noé González, de las ciudades de Guadalajara y Oaxaca, investigan el suicidio del adolescente en sus contextos familiares y escolares.

Por último Eguiluz, Cuenca y Campos, integrantes del proyecto de investigación "Salud y Familia" de la FES-Iztacala, al que pertenecen también Rosales y Córdova, autores de los capítulos 4 y 5 de este libro, presentan una investigación que busca conocer la relación existente entre ideación suicida y depresión en una muestra de estudiantes de enfermería y odontología de esa universidad.

En cada uno de los trabajos que integran este libro se vierte parte de la experiencia de algunos de los principales profesionales que actualmente están comprometidos con el estudio y el enfrentamiento de este problema, por lo que, si bien se responden muchas preguntas acerca del suicidio, como es lógico, quedan aún muchas otras preguntas por responder. Queremos señalar que algunos de los capítulos de este libro fueron escritos por quienes habrían de ser fundadores de la primera asociación de investigadores mexicanos sobre el tema del suicidio (Asociación Mexicana de Suicidología), quienes a pesar de sus diferencias lograron consolidarse y ponerse de acuerdo para trabajar juntos para la difusión de sus investigaciones y para la búsqueda de definiciones, formas de evaluación y propuestas de entrenamiento que permitan colaborar en el entrenamiento a padres de familia, a maestros y a otros grupos sociales que trabajen con jóvenes, quienes por alguna u otra razón piensan en el suicidio como una opción para resolver el inmenso dolor que los aqueja. Por lo anteriormente expuesto, es nuestro deseo que este texto sirva como una invitación para que más personas se integren a la tarea de comprender y dar respuesta a la problemática del suicidio y con ello, juntos, participemos en la tarea de brindar otra oportunidad a aquellos que por diversos motivos han llegado a estimar que la mejor respuesta para la vida es la muerte.

Luz de Lourdes Eguiluz

CAPÍTULO 1

Algunas reflexiones para una ciencia contemporánea del suicidio

Ana María Chávez Hernández
Luis Fernando Macías García

La aparición de la pregunta que ha motivado nuestra incursión en el estudio del suicidio no es sino la manifestación de un esfuerzo que despierta interés por parte de una creciente comunidad de investigadores mexicanos: comprender el suicidio.

Solemos estar en contacto con escuelas y corrientes de investigación que nos son cercanas y afines, además de que en el mundo contemporáneo es relativamente fácil acceder a la producción del mundo entero, pero no se puede aspirar a abarcar la cantidad de textos que se producen cotidianamente en torno al suicidio.

Sin embargo hay algunos altos en el camino, ciertos hitos, que permiten reflexionar y en ocasiones revisar y reorientar el sentido de nuestros esfuerzos; y este es el caso, el cual nos permitirá trazar algunas preguntas sobre nuestra comprensión aprovechando el encuentro de dos movimientos que coinciden de manera pertinente en el horizonte de nuestra preocupación: por un lado, el aumento de estudios y de grupos de interés en la República Mexicana, que ha hecho patente no sólo el aumento del fenómeno del suicidio a la vista de la sociedad, sino que ha contribuido a un esfuerzo por proveerla de herramientas para su comprensión, contención y prevención oportunas; y por otro lado, las reflexiones que parten de un esfuerzo en el seno de la comunidad de científicos sociales que, desde distintos ámbitos y en la ocasión del centenario de la primera publicación del libro *El suicidio* de Émile Durkheim en 1897, han aportado una cierta frescura a los marcos interpretativos, además de nuevos materiales que poco a poco se van sumando al ya amplio instrumental teórico.

Esto a su vez implica recorrer un doble camino: comprender el suicidio en tanto que fenómeno y, mediante su estudio, establecer pautas comprensivas sobre el vínculo entre lo social y lo individual en el mundo contemporáneo.

En la República Mexicana, el tema del suicidio apenas se asoma en las agendas de trabajo y cooperación entre el sector salud, la sociedad civil y el mundo académico. Pero el simple hecho de que ya se considere el suicidio como un problema de salud pública, aunado a la naciente inquietud por encontrar modelos de intervención y prevención, ha abierto muchas puertas para una actividad científica, clínica y académica que apenas comienza a definir un campo de estudios particular, novedoso para los mexicanos quizás, pero ya no tan original si se atiende al contexto internacional.

Así pues, reconocer la especificidad del tema del suicidio y poner a la vista de las comunidades de la salud pública y de la academia las dimensiones del fenómeno, no significa otra cosa que propiciar el reconocimiento y la visibilidad de las personas, de los recursos y de los programas que están implicados voluntaria o tangencialmente en la manera en que el suicidio impacta las formas de vida en nuestro entorno contemporáneo.

Y, por el mismo efecto, hay que reconocer que se van haciendo inteligibles las dimensiones del fenómeno mismo en términos de una delimitación más clara de los aspectos de nuestra vida social, que no admite explicación simple ni puede configurarse fuera de modelos multidisciplinarios.

La tarea que sin duda se ha vuelto más ardua es la de definir al suicida, la valoración social de su acto y las coordenadas con las que el saber contemporáneo ha ubicado el lugar individual del suicida. Esa tarea también asigna problemáticas específicas a las disciplinas sociales en la formulación de teoría, en la sanción de los dispositivos metodológicos y, desde luego, en la explicación. Esto que a primera vista parece un lugar común ofrece, sin embargo, desafíos que representan pasajes no explorados entre las fronteras que demarcan tradicionalmente a las disciplinas de las ciencias humanas, puesto que en la medida en que se van desencriptando los códigos para su localización, ese lugar individual del suicida dista mucho de ser uno, preciso y cuantificable, lo mismo que las "lógicas sociales" se diluyen en el escenario de la subjetividad contemporánea.

Si estas coordenadas pudiesen describirse en los términos de nuestras ciencias sociales o cognitivas, jurídico-prudenciales o éticas, ninguna de ellas podría reducir a sus propios términos las determinaciones que fijasen las otras, así el suicida no estaría en su mente ni en su conducta ni en su configuración política, ni en su determinación biológica, ni en sus elecciones éticas, ni en sus restricciones culturales; pero un suicidio es, sin lugar a dudas, un dispositivo organizado de todo lo anterior, que estructura un sujeto y lo determina individualmente de manera peculiar, y en algún sentido las preguntas que nos hacemos sobre el suicidio están pendientes de ese ordenamiento.

Sociología y psicología

La racionalidad contemporánea es el escenario de emergencia de una individualidad y un sujeto social cuya inteligibilidad no parece estar claramente perfilada por la teoría y aun menos por la estadística, puesto que hay una gran dificultad para asumir que la información empírica nos permite tener definiciones congruentes, tanto de las características de los individuos como de las sociedades actuales, que puedan ser explicadas a través de sus vínculos; y, sin embargo, mucho se ha recorrido en ese sentido.

Con la sociología moderna nació también la idea de que el suicidio podría convertirse en un paradigma en sí mismo. Su estudio, propuesto por Durkheim, no estuvo lejos de mostrar toda la coherencia que podría derivarse de un estudio integral siguiendo estrictamente reglas de construcción sociológica del objeto de estudio; el libro *El suicidio* (2000) señala las fronteras y los puntos que serán de ruptura o síntesis en la tradición de estudios sobre el fenómeno del suicidio que se desencadenará en los países occidentales.

Sin lugar a dudas, los estudios de Émile Durkheim (1858-1917) sobre el suicidio constituyen en sentido amplio un paradigma poderoso, capaz de dar cuenta por sí mismo de la condición social del suicidio. Los esfuerzos de este estudio, que ha sido modelo y punto de referencia controversial sobre el tema, a más de cien años de su publicación, siguen delimitando un horizonte problemático que hay que abordar y en algún sentido superar en el ejercicio sistemático de estudiar el fenómeno en una sociedad particular.

El impacto que ejerce la sociedad sobre un acto tan individual constituye un desafío a la explicación de las pautas de comportamiento determinadas por el mundo social y, al mismo tiempo, los esquemas sociales en que se verifican altas y bajas en las tasas de suicidio no corresponden directamente a los mismos escenarios. Lo que quiere decir que un país que ha visto incrementar en una época sus tasas de suicidio, no necesariamente lo hará de manera cíclica y nada garantiza que pueda preverse una recaída con el correr de los años a un escenario de partida. Paradójicamente, el inventario de pautas sociales vinculadas con el suicidio sí puede alertar sobre suicidios individuales e incluso establecer condiciones preventivas para suicidios particulares.

En no pocas ocasiones, el estudio del suicidio ha sido objeto del trabajo antropológico, que en buena medida se ha hecho cargo de documentar la diferencia que existe entre las pautas de socialización en los países que se conocen como desarrollados y los que forman la enorme periferia de este restringido núcleo hegemónico. Pero no sólo no se pueden dejar de lado los descubrimientos de los antropólogos sino que al parecer es justamente su intervención lo que ha vuelto inteligible el campo al que todo estudio sobre el suicidio hace referencia, pero al que con mucha dificultad ha sido posible acceder; en este caso, la antropología –al tratar sobre el suicidio– ha estatuido también sobre el interregno entre la formación colectiva y la vida personal del suicida.

En principio, Durkheim asumirá la "necesidad de construir por medio de una definición objetiva, el objeto de la investigación", en este caso la definición de suicidio; Durkheim nos ofrece todo un proceso de aproximaciones sucesivas para llegar a su conclusión durante la primera argumentación propuesta en la introducción:

> Cuando la abnegación llega al sacrificio de la propia vida, se trata científicamente de un suicidio… Lo que es común a todas las formas posibles de esta renunciación, es que el acto que la consagra se realiza con conocimiento de causa…(Durkheim, 2000).

Y en el hilo de la argumentación acuña una definición que parecerá definitiva para su trabajo, pero que implicará una demarcación que tendrá que ser revisada a la luz de toda empresa interdisciplinaria:

> Se llama suicidio a todo caso de muerte que resulte directa o indirectamente de un acto positivo o negativo realizado por la misma víctima, a sabiendas del resultado que se producirá. La tentativa [de suicidio] es el acto definido de esta forma pero detenido antes de que se produzca la muerte (Durkheim, 2000).

No pareciera una exageración para este autor hacer más precisiones sobre el tema, pues se le ve insistiendo en afirmar, de muchas maneras, que se trata de un acto individual y en el que aparentemente interviene la conciencia; por tal motivo, estas precisiones, más el interés que él mismo otorga a la necesidad de separar la intención de su estudio del dominio de la psicología, parecen dejar abierta una pista que nos parece importante recoger aquí:

> ...pero un hecho definido de esta manera ¿interesaría al sociólogo? Ya que el suicidio es un acto individual que solamente afecta al individuo, parece que debiera depender exclusivamente de factores individuales que sólo incumben a la psicología. ¿Acaso no suele explicarse la resolución (del suicida) por su carácter, por sus antecedentes, por los eventos de su historia privada? (Durkheim, 2000).

La referencia excluyente al campo de la psicología nos deja en claro las formas estereotipadas que las disciplinas sociales habían generado como consecuencia de la delimitación de su campo y su objeto, pero también las posibilidades de cooperación que más tarde se harían necesarias cuando la realidad, como en nuestros días, desbordaría las fronteras que antes eran necesarias para la gestación de programas de investigación.

Hacerse cargo de la distancia que en un inicio quería Durkheim establecer entre ambas disciplinas, la sociología y la psicología, tiene sentido a la luz de una teoría que dejase excluida cualquier posibilidad de "contagio" de subjetividad en la explicación; con ese propósito se propuso considerar que, con "el conjunto de suicidios cometidos en una sociedad dada, en un momento dado, uno puede constatar que el total así obtenido no es una simple suma de unidades independientes, un total de conjunto, sino que constituye un hecho novedoso y sui géneris" (Durkheim, 2000), y esta afirmación va a permitir un cambio cualitativo respecto de la función explicativa de lo subjetivo y de lo social en el orden del estudio del suicidio, y a la vez el establecimiento de una hipótesis general:

> ...nuestra intención no es por tanto hacer un inventario lo más completo posible de todas las situaciones que puedan entrar en la génesis de los suicidios particulares, sino solamente la de buscar aquellas situaciones de quienes depende ese acto definido que hemos llamado las tasas sociales de suicidio (Durkheim, 2000, p.15).

Y Durkheim ha establecido aquí con claridad el elemento básico de su objeto de estudio, la parte, por así decirlo, mensurable, dimensionable, que hace que todos los factores sociales asociados al suicidio puedan ser reconocidos y, sobre todo, distinguibles de aquellos que pueden afectar a un caso particular y al grupo social en su conjunto.

Todo parece apuntar a que lo novedoso para su tiempo y la aportación del enfoque de Durkheim radican precisamente en poder constatar que hay condiciones para pensar que algunos elementos que son de determinación social, impactan de tal forma a lo social que hacen posible intervenir de manera eficaz en el ordenamiento del fenómeno y, en consecuencia, más allá de su comprensión, en su disminución.

No caeremos en la tentación de suponer que, una vez enunciado el caso, Durkheim habrá establecido de una vez y para siempre las posibilidades del estudio del suicidio, pero sin lugar a dudas, bien podemos afirmar que trazó un horizonte difícil de sobrepasar en nuestros días. El horizonte de la comprensión racional, a su vez, implica tomar en consideración que ningún saber que haya atribuido al suicidio un origen monocausal (la locura, la pobreza, la depresión, el sentimiento religioso) ha tenido éxito en el establecimiento de pautas de intervención racionalmente orientadas sobre las conductas suicidas. Por otro lado, el horizonte nos señala que toda tasa de suicidio estructurada por elementos multifactoriales permite, cuando los componentes son visibles, establecer reglas de intervención de corte social cuyo movimiento tiende a abrir el terreno a los distintos saberes disciplinarios, al tiempo que les permite concertar un mayor componente de trabajo para la producción de más saberes en beneficio de la causa del suicidio.

Por otro lado, recién en enero de 2006, apareció en Francia un libro denominado *Suicidio, el reverso del mundo*, que con una claridad sorprendente vendría a hacerse cargo de poner en discusión los retos y significados para la investigación social que pudiese revestir el fenómeno del suicidio en el mundo contemporáneo.

La pertinencia de abrir un espacio de discusión inicial con referencias a esta obra tiene como propósito establecer un punto de contraste para desarrollar nuestro segundo argumento: el suicidio parece declinar hacia finales del siglo xx como tendencia epidemiológica general en los países desarrollados.

Desde el punto de vista de un análisis comparativo, el caso de la República Mexicana, sin embargo, parece contradecir la tendencia general expresada en el párrafo anterior. Antes de enfrascarnos en la guerra de cifras trataremos de buscar en las raíces de la puntualización teórica, las características de ambos escenarios como plausibles y establecer la apertura hacia una consideración amplia del tema.

Desde la perspectiva epidemiológica, el suicidio se presenta como un problema de salud pública mundial debido a su notable incremento. Según estimaciones de la Organización Mundial de la Salud (OMS), en el año 2000 el suicidio alcanzó el mayor porcentaje (49%) en la estadística de "muertes por lesiones intencionales", seguido por las muertes causadas por la violencia (32%) y por la guerra (19%). La misma fuente, analizando países con población mayor de cien millones de habitantes, afirma que México es el país con el porcentaje de incremento más alto (+61.9%) de suicidio consumado en ciertos grupos de edad.

México muestra un considerable aumento en el índice de suicidio, mientras otros países contrastan por la declinación que tienen en sus cifras. En la República Mexicana, las muertes por suicidio representan aproximadamente 6% de las muertes por causa externa. Al igual que en muchos países, el mayor porcentaje de suicidio consumado se encuentra en las personas de 15 a 24 años de edad; sin embargo, el suicidio en infantes (0 a 14 años de edad), aparece como realidad estadística a partir de la mitad de la década de los setenta, denotándose además un incremento porcentual continuo.

Posteriormente, Celis, Gómez y Armas (2003) muestran que del trienio 1979-1981 a 1996-1997, la tasa de suicidio infantil se incrementó en 104%. La tendencia ascendente se aprecia en uno u otro sexo y es más acentuada en las mujeres de 10 a 14 años de edad, en las que el incremento reportado para los años 1979-1981 a 1995-1997 llegó a 307.7%. Este grupo es seguido por el de hombres de 10 a 14 años de edad, en los que el incremento llegó a 142.6%.

Si bien es cierto que la comparación de la tasa de suicidio de México con la de algunos países latinoamericanos y de otras regiones del mundo revela que México presenta algunas de las tasas más bajas de suicidio, son pocos los problemas de salud pública que han aumentado con tanta constancia. Año con año, la mortalidad por suicidio se ha incrementado en el país, y por lo que se conoce del comportamiento de este problema en otras partes del mundo, y de los cambios en el perfil poblacional y epidemiológico de México, difícilmente será pasajero este incremento.

La evolución ascendente del suicidio, así como los cambios sociales concomitantes, tales como el incremento en la urbanización, migración, disolución de las redes familiares tradicionales, aumento en el consumo de drogas por los jóvenes, y cambios en el perfil epidemiológico del país, conducen a pensar que resulta impostergable iniciar acciones preventivas y estudios locales y a profundidad (Chávez-Hernández y Macías-García, 2003).

Las variaciones en las cifras estadísticas que dan lugar a las tasas del suicidio plantean un problema particular al abordaje de nuestras investigaciones: ¿qué significa que se incrementen?, y ¿qué podría interpretarse de sus variaciones en general?

Las variaciones en el suicidio, aunque no se presenten de manera regular o uniforme, revelan modificaciones en el entorno social y en la fortaleza o debilitamiento de las instituciones socializadoras, definidas desde los estudios clásicos del suicidio en torno a los modelos de familia, a las pautas religiosas, a las formas de organización de la vida pública (espacio público y espacio privado), así como a las características del estado.[1]

Es cierto también que los tiempos en que se dan estas modificaciones no necesariamente extienden sus efectos en el comportamiento de los individuos a la misma velocidad; por eso, hacerse cargo de las causas sociales del suicidio depende de la capacidad que desarrollemos de leer en las variaciones de su comportamiento estadístico una manifestación de los ritmos sociales, de ahí que el interés que despierta el estudio social del suicidio parece tener como hilo conductor la manera como las nociones temporales que hacen visibles los ritmos sociales a través de los cambios del comportamiento suicida, "están ancladas por un lado a la comprensión del modo en que se disocian las esferas de la actividad social (en los terrenos político, económico, religioso) y, por el otro, a la teoría del vínculo social".

Resulta evidente la necesidad de producir estudios que nos permitan cruzar información generada desde distintos campos de observación del cambio social, porque es muy posible que las variacio-

---

[1] La manera en que las instituciones socializadoras sustentan la efectividad de la vida gregaria en las comunidades ha sido también descrita y medida bajo la categoría de "cohesión" social y, particularmente en el estudio del suicidio, esta categoría ha constituido un eje central para la explicación social del fenómeno (Van-Campenhoudt y Quivy, 1995).

nes en el comportamiento epidemiológico del suicidio en nuestro entorno, estén determinadas por el modo de acompañamiento que dan nuestras instituciones de la vida social al esquema de desarrollo impuesto por las transformaciones de la modernización que estamos viviendo.

Por la ruta de la modernidad

Los testimonios documentales que tenemos acerca de la historia del suicidio siempre están relacionados con la historia de las ideas acerca del suicidio y la manera como éstas soportan prácticas sociales que lo delimitan, interpretan e introducen al imaginario colectivo. La modernidad no eliminó las disputas de carácter moral sobre su aceptación o su condena pero sí implantó un cambio fundamental en el dispositivo de la organización argumentativa porque colocó en otro sitio la posibilidad de pensar lo humano.

Hacia fines del Renacimiento y sobre todo con el advenimiento de la Ilustración, discutir sobre el suicidio implicó sostener argumentos jurídicos y éticos que debían dar cuenta del suicidio en función de sus relaciones con las leyes de la naturaleza o las de los hombres, dejando de lado los argumentos relativos a su relación con los mandatos provenientes de la divinidad.

Probablemente, como en muchos otros casos, este desencanto vino a hacer posible que la comprensión del suicidio fuese permitiendo mirar al interior de sus dispositivos, en búsqueda de explicaciones no determinadas por el orden religioso sino por aquello que la razón pudiera comprender sin apelar al supuesto de las verdades reveladas. De esta forma, lo que se fue instalando en el terreno de lo hipotético fue también la sospecha de que el suicidio también tenía que ver con una manera de comprender del suicida. Mendívil-Macías (2005) señala que desde Montaigne hasta Beccaria y Hume, pasando por Voltaire, se marca la pauta de dos movimientos típicos de la modernidad al referirse al suicidio; en primer lugar, el del reconocimiento de la autonomía individual y de la valentía sustentado en un método que se distingue por la voluntad de comprender que las causas se encuentran en los hechos mismos. Dice Beccaria (2000, p. 98-99):

El suicidio es un delito que parece no admite pena que propiamente se llame tal, porque determinada alguna, o caerá sobre los inocentes o sobre un cuerpo frío e insensible. Si ésta no hará impresión en los vivos, como no la haría azotar una estatua, aquélla es tiránica e injusta, porque la libertad política de los hombres supone necesariamente que las penas sean meramente personales... A este delito, una vez cometido, es imposible aplicarle pena; y el hacerlo antes es castigar la voluntad de los hombres, es mandar en la intención, parte tan libre del hombre, que a ella no alcanza el imperio de las leyes humanas.

El ensayo de Hume *Del suicidio* (2002), nos dice Mendívil-Macías (2005, p. 105), da un paso adelante en la crítica que realizan los ilustrados a las supersticiones y prejuicios que se construyen en torno al suicidio y, desmitificando el estilo ilustrado de oponerse a esos prejuicios, establece su posición con la intención de "devolver a los hombres su libertad natural" o "la libre disposición de su propia vida". El hecho común de que los actos humanos en lo general desvían el curso de la naturaleza y de sus leyes, invalidaría el argumento de que se atenta contra el destino o la providencia al suicidarse, de modo que también prolongar la vida mediante el ejercicio médico sería una transgresión a la divinidad, lo mismo que los cambios que la técnica y la industria humana efectúan en el mundo. No habría, por tanto, por qué prolongar una existencia infeliz y odiada, cargada de dolor, enfermedad o vergüenza. El hombre que se retira de la vida no dañaría a la sociedad, y si deja de hacer algún provecho, éste sería ínfimo; en cambio, de seguir viviendo, podría ser una carga.

Finalmente, que "el suicidio podría ser muchas veces consistente con el interés y con nuestro deber para con nosotros mismos, no puede cuestionarlo quien conceda que la edad, la enfermedad o la mala fortuna pueden convertir a la vida en una carga y hacerla aún peor que la aniquilación" (Hume, 2002, p. 188).

La entrada del estudio del suicidio en la modernidad está relacionada, pues, con un desplazamiento de la pregunta y sobre todo con un cambio de efectividad metodológica; los factores que se organizan en torno al suicidio pueden ser enumerados, ponderados y puede establecerse su regularidad o contingencia con base en procesos de razonamiento establecidos por pautas racionales que asignan nuevos significados al suicidio y permiten nuevas miradas sobre el suicida.

Surgirían nuevos retos derivados de la colonización racional del lugar del suicida y de los componentes organizadores de su dispositivo; en efecto, ahora confundido con su mente, con su sujeción a la ley, su voluntad, su libertad y sobre todo su autonomía individualizante, el problema tratará de ser suscrito a la objetividad del suicidio y de sus componentes en el campo y en el orden de la racionalidad que hace que las cosas pasen.

El modelo central de la racionalidad moderna se fue configurando en torno al concepto emergente de sociedad y fue entonces necesario buscar que la comprensión de lo social por lo social fuese delimitando el ámbito en donde se fueron perfilando las pautas de la explicación moderna del suicidio. De esta manera se fueron desplazando incluso las cuestiones relacionadas con el orden psicológico para abocarse al estudio del suicidio como fenómeno social (en lo que al estudio del suicidio respecta) o al menos se abrió un paréntesis que el mismo desarrollo de las disciplinas "psi" fue cerrando y enriqueciendo hasta nuestros días.

La sociología del suicidio en la crítica de Charles-Henry Cuin

> Si bien Durkheim dispuso que la única manera de hacer ciencia era atreviéndose, a condición de contar con un método, esta restricción significa aceptar el desafío de mostrar que una colección de postulados teóricos y de reglas metodológicas serán capaces de conducir a buen término una aventura con objetivos cognitivos que trate de producir de manera científica un saber sociológico (Cuin, 2000, p. 125).[2]

Con este desafío que implica asumir que, en el estudio sobre el suicidio, Durkheim tenía como mira principal el emplazamiento de una muestra, en el fondo poco tenía que ver con el suicidio desde su propio punto de vista y sí mucho con la demostración de que uno puede practicar sociología, y de hecho una sociología de la acción, sin recurrir en lo más mínimo al concepto de "actor social".

Lo contundente de este argumento es que, al elegir el suicidio como ejemplo de que es posible una sociología científica, se cumplen dos efec-

---

[2] La traducción es nuestra.

tos que contienen un aire provocador; por un lado, se ignora de manera fehaciente a la psicología y, por el otro, se escogen actores que irremediablemente están mudos.

En ese sentido se puede considerar que el fundador de la sociología trató de demostrar, por la fuerza de su despliegue metodológico, que la palabra de los actores no posee virtudes explicativas de los fenómenos que conciernen a las sociologías.

De esa manera, Durkheim no solamente produce un saber sobre un fenómeno de la realidad sino que por la misma vía sienta las bases del código racional que demanda su ciencia para existir con base en supuestos establecidos, que fundan al mismo tiempo a la sociología en consonancia con sus propias reglas: "para que la sociología exista ésta debe tener un objeto que le sea propio"; "si el único objeto posible a observar fuesen los estados mentales del individuo, ese asunto le correspondería a la psicología" (Durkheim, 2000).

A la hora de preguntarse sobre el suicidio en las sociedades contemporáneas siempre es sano recordar cuándo y de qué manera los esfuerzos por comprender este fenómeno se deslizaron por el camino de la razón moderna y en qué consistieron los cambios de visión o los desplazamientos de enfoque.

Uno de los supuestos que nos interesa resaltar es que una historia moderna del suicidio pasa por la modificación de algunas pautas de comprensión sobre la manera en que ocurren ciertas conductas individuales que tienen una enorme relevancia en la explicación de la condición social de la existencia.

En principio, lo que Cuin (2000) le reprocha a la sociología que tradicionalmente sigue los patrones del modelo clásico de estudios sobre el suicidio es lo sugerente que resulta la promesa de realizar "una sociología sin palabras" bajo el entendido de que, en términos estrictos de una sociología de la acción, el discurso de los actores sobre sus acciones puede resultar falso, engañoso y a la larga peligroso para un saber objetivo, en función de cuatro argumentos:

1. La incompetencia autocognitiva del actor: bajo la consideración de que el actor está parcialmente informado de sus motivaciones y sus mismas motivaciones están sujetas a una revisión.
2. La incompetencia sociocognitiva: que se despliega en el hecho de que los individuos tienen la capacidad de inventar representaciones

en materia social en las que creen y que suelen ser justificadas una vez sustentadas como creencias, lo que crea un círculo vicioso porque al final las creencias son consideradas como explicaciones.

3. La incompetencia epistémica, que según Durkheim consistirá en la incapacidad que los actores aislados tienen para imputar causas válidas fuera del auxilio de la institución científica.

4. Una cuarta dimensión tiene que ver con la certeza de que la sociología tiene la ventaja respecto al discurso de los actores, ya que puede ser refutada y esta condición le permite someterse al análisis crítico de la razón.

Si bien estas razones para invalidar el discurso de los actores parecen semejantes tanto en la sociología como en el fundamento de las prácticas psiquiátricas dominantes, el señalamiento suscita un desafío que de todas maneras deberá ser retomado por las ciencias sociales, las cuales, para hacerse cargo del discurso de los actores, tendrán que recurrir a un dispositivo que no niegue los postulados básicos del conocimiento científico y que al mismo tiempo los enriquezca y supere.

El suicidio es una de estas conductas cuyas condiciones de producción de discurso aportan información social, mientras que las condiciones de su historicidad para el mundo contemporáneo están relativamente documentadas en los trabajos que siguen las pistas y los derroteros señalados por Durkheim. Sin embargo, cuando se trata de precisar la pertinencia de estas pautas para las coordenadas específicas de nuestro México contemporáneo, es necesario hacer algunas precisiones adicionales, sobre todo porque, cuando los actores hablan, también habla la estructura social.

A la búsqueda de argumentos

En efecto, los estudios que permitieron historizar al suicidio en el mundo contemporáneo, parecen haberse construido bajo el supuesto de que las sociedades que fueron estudiadas tenían rasgos comparables respecto de su desarrollo y los esfuerzos de modernización en que se desenvolvían.

Las sociedades modernas vienen de sociedades tradicionales que efectuaron un "pasaje"; evidentemente no todas las sociedades tradicionales hicieron este pasaje, pero resulta interesante tratar de elucidar a propósito de sociedades que nunca fueron radicalmente tradicionales y que se han visto expuestas a la modernidad bajo oleadas, como podría aplicarse mayoritariamente a la sociedad mexicana. De manera que entre las características de estas sociedades cuenta el hecho de que, siendo tradicionales en algunos ámbitos, sean también modernas en otros. En lo que concierne al suicidio, vale la pena preguntarse si éste ocurre bajo los parámetros dominantes de un ambiente tradicional en modernización, aunque en el caso que nos ocupa, valdría la pena preguntarse si el suicidio nos estará indicando características particulares del modo de pasaje de nuestra sociedad a la modernidad o un modo de padecer sus embates.

Aun así, la explicación para cada caso es un reto y la respuesta continúa ocultándose al saber del científico social. Aunque el sociólogo y el etnólogo tengan a su disposición todas las herramientas estadísticas que permiten abordar el problema de manera consistente y sistemática, teniendo a la vista la posibilidad de hacer análisis comparativos de los datos, el comportamiento aislado de muchos suicidios sigue siendo un enigma a descifrar.

Algunos autores parecen coincidir en que la manera como se presentan las rupturas en el sujeto social, hoy en día, deja a la vista la fragilidad de muchos de los procesos sociales que teníamos dados por constitutivos de la infraestructura y del armazón estructurante de nuestra vida colectiva. Sin embargo, el desplazamiento de la centralidad de la vida colectiva a la vida privada parece haber producido una especie de desterritorialización del espacio social, como si, de repente, el mundo se hubiese tornado borroso y la única certeza territorial se fijara en los cuerpos. Los cuerpos tatuados, anoréxicos, suicidas, adictos, como si fuesen los últimos reductos de labranza en donde los individuos pudiesen desplegar el contenido de los grandes relatos de la modernidad, libertad, propiedad privada, autonomía, derechos humanos, etcétera (poco territorio para la subjetividad), y el espacio público hubiese sido secuestrado por la incertidumbre de la violencia, por las restricciones de la circulación, por la inseguridad de las migraciones modernas.

Podemos decir que si alguien sufre de manera más radical los confinamientos sociales, son seguramente los actores de las sociedades en modernización emergente, cuyos escenarios de la vida cotidiana se diluyen entre el cambio radical de la vocación de sus mundos tradicionales y la avenida colonizadora de los escenarios globales y posmodernos.

El suicidio acompaña con el incremento de sus tasas estos mundos: llama la atención que sean India, México, China y Rusia los países que acusan los incrementos más significativos y sostenidos en sus tasas de suicidio, su comportamiento se remonta a las tasas que acusaban los países europeos durante la revolución industrial a finales del siglo XIX. Sin duda en estos países, la migración, el despegue industrial, el empobrecimiento y muerte de sus culturas rurales, la secularización y el fin de los grandes relatos revolucionarios, no están al margen de la precarización del empleo y la desproporción de sus crecimientos urbanos, y de las grandes brechas entre ricos y pobres que caracterizan a sus sociedades. Aunque el impacto brutal de sus entradas al modelo del desarrollo en todo parece confirmar su asociación con el entallamiento del suicidio entre las estadísticas de salud pública, las formas individuales, los escenarios particulares, los instrumentos y las razones no parecen ser una calca de los que dieron marco a los suicidios decimonónicos.

¿Suicidio y progreso? Tal vez, pero la modalidad de asociación no implica las mismas cargas sociales ni pone los acentos en las mismas frases individuales. La tónica parece ser la de la relatividad de los estereotipos.

Los estudios recientes de Baudelot (2006) señalan parte del gran camino que vale la pena retomar en la consolidación del saber sobre este tema; llama la atención que en Francia, desde finales del siglo XIX hasta mediados del XX, los suicidios alcanzaban su máximo punto en la curva de crecimiento de la tasa hacia el mes de agosto y muestran cómo claramente el advenimiento del concepto de "vacaciones pagadas", es decir, financiadas por el mismo dispositivo salarial y practicadas como derecho, modificó radicalmente a la baja este comportamiento. Los suicidios de mujeres, por otro lado, que solían acontecer los miércoles, bajaron sensiblemente cuando se decretó en Francia el asueto escolar de media semana justamente los miércoles. No es muy aventurado suponer que, en ambos casos, la convivencia familiar en situaciones de aumento de los tiempos libres parece haber modificado alguno de los factores sociales que determinaban la causa. ¿Qué pasará en nuestro medio masificado en las condiciones de vida urbana, escaso en la oferta de condiciones de descanso relacionadas con el empobrecimiento de la proveeduría social de derechos laborales y colectivos?

El suicidio en México y en el mundo contemporáneo vuelve a ser, por sus propios fueros, el objeto de nuevas investigaciones y al mismo tiempo el marco de referencia sobre el estado que guardan ciertos procesos de transformación en las sociedades contemporáneas; su fuerza explicativa es impresionante y paradójicamente contrasta con lo poco que sabemos acerca de la conducta suicida individual y lo mucho que hay por descubrir en este terreno.

Sin duda, este es el momento de establecer lazos entre una teoría social del suicidio y los recortes históricos que ofrece su manifestación y despliegue en el mundo contemporáneo, por un lado, y por el otro, el saber específico sobre la conducta suicida y sus modelos de comprensión.

Pero la sociología no puede explicarlo todo. No obstante los esfuerzos de Durkheim por tratar de crear un sistema completo de explicación del suicidio como totalidad, y que probablemente en algún sentido sus seguidores han pensado que casi lo logra, porque no cabe duda de que las tasas de suicidio varían en relación con las condiciones económicas y políticas de la misma manera que los valores religiosos y culturales están en la base de la explicación de muchos de sus cambios, el acto de suicidio arroja inefablemente al sociólogo en una gran perplejidad: en el tema del suicidio se trata siempre y en todo lugar de una contradicción grave entre la vida social y el destino individual (Jean la Fontaine, "Homicide and suicide among the Gisu", en Baudelot y Establet, 2006, p. 242).

Los trabajos antropológicos y psicológicos dan cuenta que en todos los lugares las personas interpretan el suicidio de la misma manera, como un acto grave, que linda con lo aberrante, y busca sus explicaciones en la depresión, la locura, las enfermedades y las penurias de la vida. Quizá por esto sea urgente revisar las relaciones entre la sociología y la psicología en un marco abierto a otras formas de trabajo sobre la palabra del actor social y la necesidad de trabajar con nuevas premisas el abordaje multidisciplinario.

La palabra del actor

Quizá podríamos iniciar este proceso orientados por la enseñanza de Thomas Szasz (2002), conocido ponente del movimiento de la antipsiquiatría, quien señala que:

> Sería más exacto decir que el suicidio es nuestro principal problema político y moral. La muerte voluntaria es una elección intrínseca a la

existencia humana. Es nuestra última y definitiva libertad. Pero hoy los ciudadanos de a pie no ven así la muerte voluntaria: creen que nadie en su sano juicio se quita la vida, que el suicidio es un problema de salud mental. Debemos desmedicalizar y desestigmatizar la muerte voluntaria y aceptarla como un comportamiento que siempre ha formado y siempre formará parte de la condición humana (Szasz, 2002, pp. 13 y 14).

En efecto, una de las cuestiones más problemáticas a las que nos enfrentamos en la actualidad es la de quién debe *controlar* cuándo y cómo morir; es imperativo saber si es una decisión personal o bien si, por el contrario, es el Estado el indicado para la toma de decisiones, entre ellas si debe castigarse, o simplemente aceptar si son los médicos los agentes mejor calificados para ocuparse de este fenómeno y por tanto debe medicalizarse.

El desplazamiento de sentido que actualmente otorga al suicida un lugar de sufriente, inadaptado o enfermo mental, abrió nuevos caminos para la comprensión, que aunque incompleta respecto a los valores de nuestra contemporaneidad, y con los injustos efectos de la enajenación del individuo suicida, significan un hito histórico que debe ser señalado. Ello implicó también desplazamientos en el sistema moral y en la ética (Chávez-Hernández, 2005).

Aparece pues, junto con el suicida contemporáneo, la institución psiquiátrica, que en muchos sentidos asume ese papel subjetivo disfrazado de ciencia que orilló a Durkheim a rechazar lo que en su concepto arrojaba una "psicología que le era contemporánea". La medicina, la educación y el estado, cargados de nuevo estatutos y sanciones y de una casta de nuevos administradores de la moral laica normalizadora, parecen dominar el horizonte epistemológico del suicidio; sin embargo, también emergen nuevos saberes y nuevas propuestas para la comprensión del fenómeno.

El suicidio ya no provoca la condena colectiva sino que, por el contrario, es visto como una desgracia personal, como el signo extremo de la desesperación, un síntoma depresivo, la consecuencia de una discapacidad adaptativa, afectiva, etcétera, y provoca más compasión y desconcierto que repudio.

Nuestra era posmoderna y posmoralista establece nuevos consensos sobre la vida y la muerte, y aunque se evidencie la ambigüedad, la laxitud y/o la incoherencia de ciertos acuerdos colectivos contemporáneos, y se dé prioridad a la libre elección, no se justifican ni aprueban todas las prácticas y se establecen otros límites y estrategias de control.

En efecto, el suicida de hoy, aunque liberado de estigmas previos, se ha colocado como el portador de una enfermedad mental y su acto de muerte como un acto patológico irracional, convirtiéndolo así en una persona alienada de sí, y por tanto, inconfiable. Hoy, más que nunca, la supuesta fragilidad emocional o enfermedad mental de las personas aprueba, busca y legitima medidas de protección y de control del comportamiento humano.

Actualmente, una de las estrategias hegemónicas, si no la de mayor influencia, para el control del suicidio, es la medicación psiquiátrica; se colocó en los médicos el poder y la administración de la vida, de la muerte, de la locura y de la cordura. Es decir, al estigmatizar al acto suicida como un acto de locura, se niega en consecuencia, al actor del mismo, el derecho de decisión puesto que se le priva de su sanidad, capacidad y solvencia mental (Chávez-Hernández, 2005).

Sin embargo, y en un sentido opuesto, son muchas y relevantes las investigaciones que apuntan que la mayoría de los suicidios no encajan en las clasificaciones nosológicas, y se toman como argumento los testimonios y declaración de los sobrevivientes allegados y conocidos del suicida, que incluso, en mayor porcentaje, coinciden en afirmar la "normalidad" de la conducta de la persona, incluso previa a su acto suicida (Lester, 2004; Shneidman, 1996; Chávez-Hernández *et al.*, 2003; Saltijeral y Terroba, 1986; Weisman y Kastenbaum, 1968).

En esta misma dirección, estudios cualitativos de análisis de contenido de las notas póstumas de los suicidados, realizados desde hace varias décadas en varios países, detectan personas con un pensamiento lógico, ubicados en tiempo y espacio, sin delirios elaborados, conscientes de su acto y con clara capacidad para comunicarse (Chávez-Hernández *et al.*, 2003; Girdhar *et al.*, 2004; Ho *et al.*, 1998; Darbonne, 1969).

Este argumento también se refuerza con la bibliografía de casos clínicos de personas con comportamiento suicida, que avalan, más que la hipótesis de psicosis o trastornos mentales profundos, una realidad más vinculada con un "dolor psicológico", como una experiencia primaria adquirida de una estructura familiar, no necesariamente hostil, pero sí indiferente o insuficiente para la atención de las necesidades afectivas del infante (Shneidman, 1996; Lester, 1997; Leenaars y Lester, 1996; Pfeffer, 1981).

Como último argumento en esta dirección vemos que, al examinar el trabajo y las vidas de muchos suicidas famosos (Ernest Hemingway, Virginia Woolf, Alfonsina Storni, Violeta Parra, Silvia Plath, etcétera), se nos imponen las notables cualidades creativas y cognoscitivas de estos artistas.

En fin, vemos que, desde las distintas disciplinas, el análisis y comprensión del suicidio es un programa abierto a la investigación y su apertura es el objeto de este apartado, el señalamiento de las implicaciones de los estudios del porvenir y la constatación de la necesidad de ofrecer una tarea ordenada y creativa a la naciente disciplina de la suicidología en la República Mexicana.

Bibliografía

Beccaria, C. (2000). *De los delitos y de las penas. Con el comentario de Voltaire.* J.A. de las Casas (trad.). Madrid: Alianza.

Baudelot, C., y Establet, R. (2006). *Suicide l'envers de notre monde.* París: Éditions du Seuil.

Borges, G., Rososvsky, H., y Gutiérrez, R. (1996). Epidemiología del suicidio en México, 1970 a 1994. *Salud Pública de México, 38* (3), 197-206.

Celis, A., Gómez, L., y Armas, J. (2003). Tendencias de mortalidad por traumatismos y envenenamientos en adolescentes, México 1979-1997. *Salud Pública de México.*

Chapelle, G. (2004). *Le moi du normal au pathologique.* Auxerre: Presses Universitaires de France.

Chávez-Hernández, A.M. (comp.) (2005). *Elección final. Ensayos sobre suicidio y eutanasia en el mundo contemporáneo.* Guanajuato: Universidad de Guanajuato.

—— y Macías-García, L.F. (2003). *El fenómeno del suicidio en el estado de Guanajuato.* Guanajuato: Universidad de Guanajuato-Gobierno de Guanajuato.

Darbonne, A. (1969). Study of psychological content in the communications of suicide individuals. *Journal of Consulting and Clinical Psychology, 5* (3).

Durkheim, É. (2000). *El suicidio* (6 ed.). México: Ediciones Coyoacán.

Girdhar, S., Leenars, A., Dogra, T., Leenars, L., y Kumar, G. (2004). Suicide notes in India: What do they tell us? *Archives of Suicide Research, 8,* 175-185.

Ho, T., Yip, P., Chiu, S., y Halliday, P. (1998). Suicide notes: What do they tell us? *Acta Psychiatrica Scandinavica, 98,* 467-473.

Hume, D. (2002). *Del suicidio. De la inmortalidad del alma.* R. Muñoz S. (trad.). México: Océano.

Leenaars, A., y Lester, D. (1996). *Suicide and the unconscious* (1 ed.). Nueva Jersey: Jason Aronson Inc.

Lester, D. (1997). *Making sense of suicide: An in-depth look at why people kill themselves.* Estados Unidos: Charles Press.

—— (2004). Denial in suicide survivors. *Crisis, 2* (25), 78-79.

Mendívil-Macías, J. (2005). La filosofía y el suicidio, un acercamiento. En A.M. Chávez (ed.). *Elección final. Ensayos sobre suicidio y eutanasia en el mundo contemporáneo* (99-114). Guanajuato: Universidad de Guanajuato.

Organización Mundial de la Salud (2000). Mental health: New understanding. Recuperado en agosto 2005 de: http://www.who.int/whr.2001.

Pfeffer, C. (1981). Parental suicide, an organizing event in the development of latency age children. *Suicide and Life-Threatening Behavior, 11* (1), 43-49.

Saltijeral, M., y Terroba, G. (1986). Aspectos psicosociales del suicidio en el Distrito Federal. *Psicología Social en México, 1*, 297-303.

Shneidman, E. (1977). The psychological autopsy. En: *Guide to the investigation and reporting of drug-abuse deaths*. Rockeville: Gottschalk & McGuire.

—— (1996). *The suicidal mind*. Estados Unidos: Oxford University Press.

Souty, J. (2006). Le suicide dans le monde. *Sciences Humaines*, (169), 8-13.

Steiner, P. (2000). Crise, effervescence sociale et socialisation. En: M.C. Massimo Borlandi (ed.). *Le suicide un siècle après Durkheim* (1 ed., pp. 63-85). París: Presses Universitaires de France.

Szasz, T. (2002). *Libertad fatal: Ética y política del suicidio*. F. Beltran (trad.). Barcelona: Paidós.

Van-Campenhoudt, L, y Quivy, R. (1995). *Manuel de recherche en sciences sociales* (1a ed.). París: Dunod.

Weisman, A.D., y Kastenbaum, R. (1968). The psychological autopsy: A study of the terminal phase of life. *Health Journal, 4*, 1-59.

Capítulo 2

Definiciones y teorías explicativas del suicidio

Sergio Javier Juárez Dávalos

Definiciones históricas del suicidio

El término suicidio fue recientemente acuñado; según algunas fuentes tuvo su origen en la Gran Bretaña en el siglo XVII, y de acuerdo con otras, en Francia en el siglo XVIII; fue retomado por Voltaire y los enciclopedistas, para posteriormente ser incluido por la Academia Francesa como "el acto en el que se mata a sí mismo" (Sarro y de la Cruz, 1991).

En la lengua española se incluyó por primera vez en la obra *La falsa filosofía y el ateísmo* de Fray Fernando de Ceballos. Pero no sería incluida en el *Diccionario de la Real Academia de la Lengua Española* hasta su quinta edición en 1817, momento en que se había generalizado su uso y cuya etimología era paralela a la de homicidio, de raíz *sui*, "de sí mismo", y *cadere*, "matar", voz definida en el diccionario de la siguiente forma: "Dícese del acto o de la conducta que daña o destruye al propio agente."

Pero su uso e inclusión oficial se vieron influenciados por la religión cristiana, la cual categorizaba al suicidio como una "mala muerte". Esta visión se originó debido a un grupo llamado donatistas, que creía que matarse llevaría al martirio y de esa forma alcanzaría el cielo; sus métodos incluían lanzarse de montañas, prenderse fuego e incluso pagar o amenazar a personas para que los mataran. Su deseo por martirizarse era tan fuerte y extremo que la iglesia los declaró herejes.

Esto llevó a que en el año de 348, en el concilio de Cartago, por primera vez en la historia se condenara la muerte voluntaria, a consecuencia de las prácticas de los donatistas. Se daban fuertes penas a los suicidas y sus familias, considerándose el suicidio un acto criminal; se enjuiciaba a todo involucrado en el suceso, y los culpables eran juzgados por violar la ley de Dios y del hombre (Clemente y González, 1997).

Pero esta concepción fue cambiando poco a poco, flexibilizándose y aportando diferentes argumentos; este cambio se percibe en la filosofía.

Entre los primeros en presentar argumentos estuvieron los griegos, quienes, a través de sus tres máximos representantes, definieron el suicidio. El primero de ello es Sócrates, que clama que el suicidio es un atentado contra los dioses, ya que ellos son los únicos dueños de la vida y del destino del hombre; pese a esto, él consideraba que la muerte es una liberación de la mente y del cuerpo de la vida terrenal.

Platón profundiza más en el tema, abordándolo en dos de sus principales obras. La primera de ellas es el *Fedón*, donde plantea que el suicidio es una liberación de nosotros mismos (nuestras almas) de una guarida (nuestro cuerpo), en donde los dioses nos han colocado como una forma de castigo (Platón, 1991). Más adelante en las *Leyes* dice que es un acto degradante y que aquellos que lo cometen deberían ser enterrados en tumbas sin marcar; pero en esta obra también señala algunos casos especiales donde el suicidio puede ser excusable:

1. Cuando la mente de la persona es moralmente corrupta y no puede salvarse.
2. Cuando el suicidio se realiza bajo mandato judicial.
3. Cuando el suicidio se da debido a un inevitable caso de mala suerte.
4. Cuando el suicidio es resultado de la vergüenza producida por haber participado en acciones injustas (Platón, 1991).

Por su parte, Aristóteles toca el tema en su *Ética a Nicómaco*, donde señala que el suicidio es un problema sociopolítico, ya que no sólo es un acto de cobardía personal, sino que además es un acto que va contra el Estado, por lo que se justifica que estos sujetos pierdan ciertos derechos (Aristóteles, 2001).

Más adelante, y enarbolado por los estoicos, el suicidio perdió su aire condenable y fue defendido como un derecho; el principal representante de este pensamiento fue Séneca, quien, dentro de la *Epístola 70* para Lucio, sentó los criterios por los cuales el suicidio sería un acto válido. Considera que la vida es potestad del individuo, por lo que el suicidio se convierte en un acto enérgico, en el que tomamos posesión de nosotros mismos y nos liberamos de las servidumbres, siendo, pues, una salida honrosa para una vida infructífera y dolorosa: "El bien morir consiste en evitar el peligro del mal vivir" (Clemente y González, 1996).

Pero los principios más firmes de la prohibición del suicidio son de San Agustín y posteriormente Santo Tomás. El primero, uno de los principales referentes del cristianismo en el mundo occidental gracias a su obra *La ciudad de Dios,* explica el sexto mandamiento –"no matarás"– con el significado de que no matarás a ninguna persona ni a ti mismo. Para sostener su argumento proclamaba que las almas verdaderamente nobles podrían soportar todo sufrimiento y que cualquier esfuerzo para escapar era una muestra de debilidad, y al cometer el error de anularse se cancelaba toda posibilidad de absolución. En este contexto, el suicidio de Judas toma un nuevo significado, ya que al colgarse, después de su traición a Jesús, rechaza a Dios y toda posibilidad de redención, mientras que el ladrón que fue crucificado a un lado de Cristo fue perdonado y aceptado en el reino de los cielos (Maris, 2000).

El teólogo más influyente de la Edad Media fue Santo Tomás de Aquino, quien formuló la autoritaria posición de la Iglesia ante el suicidio en su obra *Summa Teologica.* Ahí planteaba tres argumentos contra el suicidio:

1. La autodestrucción va en contra de la naturaleza del hombre.
2. El hombre no tenía el derecho, como scr social, de privar a la sociedad de su presencia y su actividad.
3. El hombre es propiedad de Dios, y sólo Dios puede decidir sobre la vida y la muerte (Evans, 1988).

Durante el periodo del romanticismo, la vida comienza a volverse insoportable debido a la creciente pobreza y a la visión de un futuro poco prometedor; surge de esta manera un estado de melancolía, además de un constante pensamiento en la muerte. Este pensamiento se vio reforzado por posturas como el calvinismo. En ella había una gran exaltación de Dios, lo que provocaba una minimización del papel del hombre, que lo obligaba a la humildad y cuestionaba el valor de la persona.

En contraparte, varios autores defienden el suicidio bajo ciertas condiciones. Uno de ellos fue Tomás Moro, quien en su obra *Utopía* aprobaba los suicidios, siempre y cuando fueran aceptados por un cura y el Senado; los suicidios sin ninguna aprobación, como castigo, eran enterrados sin un funeral apropiado. El suicidio sólo era aceptado para terminar con un sufrimiento incurable. Tomás Moro fue confinado en la torre de Londres debido a su confrontación con el cristianismo, aunque posteriormente rechazó el suicidio como una opción en su obra *Diálogo de confort contra la tribulación*, al decir que todo pensamiento suicida era obra del diablo (Maris, 2000).

Otro pensador del renacimiento fue Michel de Montaigne, quien plantea en su obra *Ensayos* argumentos a favor y en contra del suicidio, cuando escribe:

- La naturaleza sólo nos ha dado una entrada a la vida, pero nos ha dado cientos de salidas.
- Si vives con dolor, se debe a la cobardía, pero para morir sólo necesitas voluntad.
- La muerte voluntaria es la mas justa.
- Para las enfermedades más violentas, los remedios más violentos.

Pero más adelante realiza una recapitulación de argumentos contra el suicidio, de tipo religioso, en donde señala que Dios es el maestro de nuestras vidas, nos coloca en esta vida para servir a los demás, por lo cual no nos podemos ir por nuestros propios deseos. También utiliza argumentos filosóficos, cuando afirma que la naturaleza requiere que nos amemos a nosotros mismos, por lo que matarse tratando de escapar de los males de esta tierra, sólo nos arrojará a males peores (Minois, 1999).

En épocas posteriores al Renacimiento, el suicidio fue más tolerado por la gente culta, aun y cuando la Iglesia tenía una gran influencia en la condena del mismo, clasificándolo no sólo como asesinato, sino como alta traición y herejía. Además de estos elementos, debe de sumarse otro nuevo de carácter cultural: la pobreza; anteriormente, este estado no se relacionaba con ninguna posición moral, pero con el surgimiento del mercantilismo y la aparición del protestantismo, la actitud hacia la pobreza cambió drásticamente. Este cambio se vio reflejado principalmente en que todas las condenas caían en las personas que habían perdido su fortuna. Dentro de este contexto, dos son los autores que sobresalen con su pensamiento hacia el suicidio: John Donne y David Hume.

John Donne era un poeta católico, pero terminó sus días formando parte de la Iglesia anglicana. Esta filiación religiosa no evitó que presentara argumentos sobre el suicidio que desafían el pensamiento religioso de su época, razón por la cual, como lo menciona Minois (1999), su obra *Biathanatos* (donde expone sus ideas) sólo circulaba entre un pequeño grupo de amistades. Lo explosivo de sus ideas radica en que plantea el fenómeno del suicidio dentro del marco de referencia del cristianismo;

de hecho, usa tanto argumentos religiosos como racionales para abordar dicho fenómeno. Desde un enfoque cristiano, el suicidio era el peor de los pecados, pero si se examinaban los argumentos que apoyaban esta suposición, podría llegarse a la conclusión de que el suicidio no era un pecado tan grave como se pensaba, y que incluso no era pecado; por lo que resultaba injusto juzgar a un hombre por quitarse la vida, ya que, según él, no existen actos externos que sean por naturaleza malos, sino que las circunstancias que los rodean son las que les dan su naturaleza (Maris, 2000).

Más adelante, la discusión gira en torno a qué leyes son las que infringe el suicidio: las de la naturaleza, las de la razón o las leyes de Dios. Si violaba las leyes de la naturaleza debíamos condenarlo, ya que nada que atentara contra estas leyes podría ser tolerado. La única naturaleza del ser humano es razonar, por lo cual la razón debía guiarnos para distinguir entre el bien y el mal; de esta manera, cn algunas ocasiones, el suicidio podía ser razonable. Las leyes de la razón guiaban las leyes humanas; sin embargo, las leyes romanas no condenaban el suicidio. Algunos teóricos cristianos, como Santo Tomás de Aquino, condenaban el suicidio porque lastimaba a la sociedad y al Estado al privarlo de un miembro útil. Pero Donne cuestionaba si no pasaba lo mismo cuando una persona se volvía sacerdote o monje; argumentaba que en estos casos, el exceso de mortificación podía ser un suicidio disfrazado, y no hay ninguna ley que condene esto. Cuando llega a las leyes de Dios, Donne muestra que ningún pasaje de la Biblia condena el suicidio, aun y cuando existe el mandamiento "No matarás". Pero si se hacen excepciones en casos de guerra, en donde se asesinan a millones de personas, ¿por qué no hacer una excepción con el suicidio? Para probar esto usa el ejemplo de lo sucedido con Jesucristo, en donde afirma que la manera en que murió y las circunstancias, son fácilmente detectadas como un suicidio.

En el caso de David Hume, pensador escocés, se aborda este problema con una perspectiva más tolerante, sin desprenderse de una óptica religiosa. Los puntos de vista de Hume son expresados en su *Ensayo sobre el suicidio*, en donde clama que en ningún lado de la Biblia el suicidio es condenado como tal. Hume decía que Dios le dio al hombre la posibilidad de actuar, por lo tanto, al morir por propia mano, Dios tenía el mismo control que si la muerte viniera de otra fuente. En segundo lugar, el suicidio no daña ni a la sociedad ni al prójimo; según Hume, el hombre que se retiraba de la sociedad no dañaba a ésta y en caso de que hiciera algún tipo de daño, sería un daño menor. En tercer lugar, el suicidio no es un crimen contra uno mismo, ya que un hombre no desperdiciaría su vida mientras fuera valioso y útil mantenerla (Evans, 1988).

Durante el siglo XIX, hubo grandes cambios en la sociedad; parte de éstos era que los puntos de vista religiosos, otrora fuertes e influyentes, fueron perdiendo fuerza. Dichos cambios se debieron al capitalismo que favorecía la independencia personal, pero a su vez, incrementaba el aislamiento.

Posteriormente, el suicidio comienza a verse desde nuevas disciplinas, como la sociología y la medicina. Uno de los primeros en estudiar el suicidio desde el campo de la medicina fue Falret, pionero en el empleo de datos estadísticos acerca del suicidio. Falret atribuía el suicidio a cuatro principales causas:

1. Predisposición, como lo es la herencia, el clima, el temperamento.
2. Accidental, directo, como lo son las pasiones o preocupaciones en casa.
3. Accidental indirecto, como el dolor físico, enfermedad o estado de salud.
4. Fanatismo civil y religioso.

Dentro del campo médico-psiquiátrico, destacan las investigaciones de Esquirol, quien negaba que el suicidio fuera una enfermedad mental en sí, aunque anteriormente había mencionado que el suicidio era causa del delirio y que todos los suicidios eran insanos. En su obra *Enfermedades mentales* defendería su postulado, diciendo que el suicidio es consecuencia de otras enfermedades, y que era sólo un síntoma de la demencia.

Uno de los más importantes estudiosos del suicidio dentro del marco sociológico fue Briére de Boismont, quien tomó como referencia 4 500 suicidios del departamento de Seine en París, durante un periodo de diez años. Durante sus observaciones destacó que los ancianos cometen suicidio con mayor frecuencia que los jóvenes y que los hombres se suicidan en una proporción de 3 a 1 respecto a las mujeres. Al igual que Esquirol, niega que los suicidios sean demenciales. En su estudio identifica diferentes causas que podrían llevar al suicidio; dentro de las sociales señala problemas en casa, problemas familiares, preocupación intensa, pobreza, miseria y ebriedad. Las causas somáticas son problemas pulmonares, ceguera y cáncer. Unos de los grandes factores sociales que en esa época identifica como contribuyentes del suicidio son alienación y desorganización (Minois, 1999).

En el siglo xx se dan los principales hallazgos y propuestas en el campo del suicidio. En sus inicios destacan teorías como las de Durkheim, Beck, Schneidman y Freud, entre otros. Pero uno de los primeros intentos por estandarizar esta definición fue el de la Clasificación Estadística Internacional de Enfermedades y Problemas Relacionados con la Salud (CIE), la cual definió el suicidio como una autolesión intencionada, así como una conducta de afrontamiento. Más adelante, la Organización Mundial de la Salud (OMS), en 1969, definió al acto suicida como: "Todo hecho por el cual el individuo se causa a sí mismo una lesión, cualquiera que sea el grado, con intención letal" (Clemente y González, 1997, p. 24).

Las ideas expuestas a lo largo de la historia son muchas y muy variadas; sin embargo, en la actualidad ya podemos hablar de marcos teóricos. Es por eso que en la siguiente parte revisaremos las principales teorías que se han ocupado del problema del suicidio.

Teorías explicativas del suicidio

Las formas en que se ha conceptualizado el suicidio a lo largo de la historia van desde el campo filosófico, pasando por el religioso, después por el legal o jurídico, hasta llegar a campos sociológicos, médicos y psicológicos. Es durante el siglo xx cuando las conceptualizaciones forman postulados de carácter científico, construyendo teorías explicativas más complejas desde diferentes marcos de referencia, como la sociología, la psiquiatría, la neurobiología y la psicología, por mencionar los principales.

Teoría sociológica

El campo de estudio del ser humano en sociedad tiene su máximo representante en el francés Émile Durkheim, quien en su obra *El suicidio* (1987) plantea una de las posturas más influyentes y actualizadas de su estudio. Durkheim dice que los hechos sociales deben ser estudiados como cosas, es decir, realidades que son exteriores al individuo. Por esta razón, la tasa de suicidios no puede ser explicada por motivaciones personales, sino que representa una inclinación de una sociedad hacia el suicidio, por lo que esta tasa se mantendrá estable hasta que el carácter de la sociedad no cambie. Es decir, no son los individuos los que se suicidan sino la sociedad, que lo hace a través de ellos; partiendo de este punto, los suicidios son una consecuencia de una perturbación en la relación del individuo con su sociedad. Esta perturbación puede ser resultado de tres principales factores desencadenantes:

1. La naturaleza de los individuos que componen la sociedad.
2. La manera como están asociados, es decir, la naturaleza de la organización social.
3. Los acontecimientos pasajeros que perturban el funcionamiento de la vida colectiva, sin alterar su constitución anatómica, como las crisis nacionales, económicas, etcétera (Durkheim, 1987, p. 353).

Esta inclinación que menciona es lo suficientemente fuerte para orillar al individuo a suicidarse, pero esto puede ser contrarrestado, ya que, mientras más esté integrado el individuo a los grupos de su sociedad, menor es la probabilidad de que sucumba a estas presiones de autodestrucción. Teniendo esto en mente, dice que el suicidio sería poco probable en familias muy religiosas o de muchos integrantes (Durkheim, 1987).

Al plantear su teoría del suicidio, Durkheim rechaza muchos de los factores que anteriormente se consideraban. Uno es el correspondiente a la raza, en donde se aceptaba que la herencia es un factor que influye en el suicidio. Sin embargo, el investigador señala que no hay pruebas observables para sustentar esta idea. Los factores ambientales también son desechados, ya que aunque la mayor parte de los suicidios se dan entre enero y julio, esto no se debe al calor presente en esas fechas sino porque la vida en esas épocas es más intensa, y dado que los días son más largos hay una mayor actividad social.

Durkheim también descarta la imitación como uno de los factores que determinan la cantidad de suicidios dentro de una sociedad, ya que, aunque puede provocar casos individuales, no cambia la inclinación dentro de la sociedad. Su efecto es intermitente y limitado, y cuando llega a ser más intenso, sólo lo es por periodos cortos de tiempo (Durkheim, 1987).

A la par de rechazar estas creencias, Durkheim identificó distintos factores de protección para disminuir la conducta suicida en la sociedad, o factores que se relacionaban con una menor tendencia suicida dentro de la sociedad:

1. Religión: observó que en los países católicos el suicidio era más frecuente que entre los países protestantes; esto debido a que, aunque ambas religiones prohibían el suicidio, la protestante pensaba que el suicidio debía estar ligado al libre examen, contrario a la católica, la cual imponía la pena al suicidio sin oportunidad a criticarlo o debatirlo.

2. Género: en todas las sociedades se ha visto que las mujeres se suicidan menos que los hombres; esto se debe a que, en general, la mujer recibe menos instrucción que los hombres, se apega más a las creencias establecidas y tiene menos necesidades intelectuales. Esto se relaciona con la religión, ya que las mujeres aceptan con mayor facilidad la prohibición que hay del suicidio, mientras que los hombres, al estar más instruidos, son más críticos de esto y tienen menos influencia los preceptos religiosos sobre ellos.

3. Familia: también se ha observado que los cónyuges que tienen hijos tienen cierta inmunidad respecto a los solteros o a quienes no tienen hijos. Este lo vio al notar que, al incrementarse la densidad familiar, disminuía el número de suicidios.

4. Crisis políticas: se ha visto una disminución del número de suicidios durante las revoluciones o perturbaciones sociopolíticas. Esto se debe a que en esas épocas se avivan los sentimientos colectivos, lo que al mismo tiempo eleva la integración social (Durkheim, 1987).

Otro de los puntos importantes aportados por el sociólogo francés es una clasificación de los suicidios, que elabora basándose en la perturbación respecto de la sociedad que los causa:

a. Suicidio egoísta

En este tipo de suicidio, la persona se caracteriza por una excesiva individualidad, lo que origina un debilitamiento del control social y por lo tanto se reduce la inmunidad hacia el suicidio. La principal causa de este suicidio es que el individuo presenta falta de interés por las estructuras sociales, por lo cual hay poca adherencia a ellas. Para ejemplificar esto, Durkheim cita un estudio en el que se demuestra que los solteros se suicidan más que los casados.

b. Suicidio altruista

Este tipo de suicida puede verse como contrario al egoísta, ya que la influencia de la sociedad es muy estrecha y, a su vez, la persona tiene poco individualismo. En estos casos el yo no se pertenece, y se confunde con otra cosa que no es. Dependiendo del tipo de control que ejerza la sociedad, existen diferentes tipos de suicidio altruista: *obligatorio,* la conducta del individuo está fuera de él y se ubica en uno de los grupos de los que forma parte; *facultativo,* cuando no hay apego a la vida, y el menor indicio lo provoca, y *agudo,* que tiene como modelo el suicidio místico.

c. Suicidio anómico

Este tipo de suicidio podría verse como opuesto al altruista, ya que en éste la sociedad falla con sus métodos de control, por lo que el individuo se encuentra carente de una guía o un modelo a seguir. Así el suicidio aparece con mayor frecuencia, ya que debido a la falta de orientación, la actividad del individuo se encuentra desorganizada.

d. Suicidio fatalista

Este tipo de suicidio aparece como contrario al anómico, ya que en este caso hay una excesiva reglamentación por parte de la sociedad hacia el individuo, lo que provoca que el individuo vea un futuro con opciones muy limitadas (Durkheim, 1987).

Con base en lo planteado, se podrían encontrar las siguientes conclusiones a la teoría de Durkheim:

1. El suicidio avanza a la par de la ciencia; las personas se matan porque se pierde la cohesión con la sociedad.
2. La religión actúa como una fuerza profiláctica sobre el suicidio, ya que constituye su sociedad.
3. El suicidio cambia de manera inversamente proporcional al grado de desintegración de los grupos sociales de que forma parte (Rodríguez, 1990).

Pese a lo longeva que ha sido la teoría de Durkheim, sus postulados siguen siendo vigentes en el estudio del suicidio.

Teorías psicoanalíticas

Dos de los principales exponentes del psicoanálisis, Jung y Freud, formularon ideas al respecto del suicidio, pero también los discípulos de éstos continuaron con lo planteado por ambos autores.

Jung afirmaba que la muerte era algo irremediable, que con el tiempo le llegaría a cada persona, pero hay personas que se oponen al tiempo y tratan de apresurarla de manera activa. Para explicar esto, Jung dice que el yo (*self*) tiene un lado oscuro y un lado brillante; cuando el que predomina es el lado oscuro, la muerte parece más deseable o, por lo menos, se ve como algo menos terrible que la vida. Este es un hecho que si bien no es indispensable, sí es muy importante para que uno se intente suicidar.

En este sentido se plantean diferentes contextos en los que el lado oscuro del ser puede prevalecer:

1. La muerte del mártir o del héroe: en donde el individuo decide imitarlo, en lugar de preservar su legado.
2. Un dolor insoportable o angustia: en donde la muerte se ve como algo más aceptable en lugar de seguir soportando el sufrimiento o la angustia.
3. De este modo, tenerle miedo a la vida mas no a la muerte.
4. El deseo de reunirse con la persona amada anteriormente fallecida: la vida pierde significado, por lo que se desea acompañar a esa persona en vez de vivir solo.
5. Búsqueda de libertad: es mejor suicidarse y quedar libre que seguir en un encierro, como estar encarcelado.
6. Buscar la reclusión: una vez que se ha tenido una vida plena y feliz, se busca entrar a un lugar oscuro, en donde habría que permanecer como castigo.

Uno de los puntos más importantes en las formulaciones de Jung es que, de acuerdo con el autor, la persona que comete suicidio, inconscientemente busca el renacimiento de su alma. Pero los suicidios no son todos iguales, por lo que plantea una división de éstos en diferentes categorías:

a. Suicidio activo: en éste la persona actúa contra sí misma de manera activa, participando de manera directa de su autodestrucción.
b. Suicidio pasivo: la persona que sufre de algún padecimiento incurable deja de luchar por vencer la enfermedad y extender su vida.
c. Suicidios sinceros: se da cuando la persona que intenta suicidarse lo hace de manera que nadie pueda salvarlo.
d. Para llamar la atención: preparados de tal manera que la persona pueda ser rescatada, al lograr llamar la atención de los que la rodean.
e. Suicidio planeado: la persona prevé todos los aspectos relacionados con el acto: en dónde lo hará, cuándo, con qué instrumento y cómo se despedirá de sus seres queridos.
f. Suicidio impulsivo: la persona tiene un "ego de isla flotante", por lo que carece de una personalidad lo suficientemente fuerte, y se deja llevar por la corriente, actuando por impulso.

Cuando se consuma el suicidio, se dice que el ego ha muerto, ya que éste ha perdido contacto con el ser *(self)*, por lo cual, el significado de la vida del individuo se ha perdido (Jung, 1959).

Aun y cuando lo planteado por Jung explica en gran medida el fenómeno del suicidio desde una perspectiva psicoanalítica, Freud, como el máximo representante de esta corriente, brinda una perspectiva diferente al explicar este fenómeno.

Para entender la propuesta de Freud, podemos dividirla en dos etapas o formulaciones principales:

a. Primera formulación: en un primer momento, Freud dice que el suicidio es una manera en que el individuo se castiga a sí mismo. Esta interpretación está presente en su obra *Duelo y melancolía*, en donde el autor identifica las agresiones en la melancolía como dirigidas a la persona amada, con la que se había identificado y, a su vez, ha perdido. De este modo, se trata al "sí mismo" como un objeto y lo hace depositario de agresiones que desearían depositarse en un objeto externo. Es así que el suicidio se entiende como una proyección a sí mismo de los sentimientos sadistas asesinos que se guardan contra el ser que lo abandonó y lastimó; es decir, que el suicida es un homicida en potencia que vuelve su acción contra sí mismo, ya que la intención es suprimir una vida ligada a la relación perdida y la vida más cercana es la propia. Cabe mencionar que es en la melancolía y en los estados depresivos en donde se conoce mejor la dinámica del suicidio. Es en la melancolía en donde existe una ambivalencia entre amor y odio ya que hay una contradicción entre el "yo ideal" y el "yo idealizado", por lo cual hay un miedo al fracaso, ya que hay un odio intenso contra sí mismo y contra los demás

b. Segunda formulación: en ésta Freud desarrolla sus importantes ideas sobre el *eros* y el *thanatos*, instintos de vida y muerte, respectivamente, identificadas como tendencias de signo contrapuesto que están en el hombre desde el momento en que nace, siendo el suicidio correspondiente al *thanatos*; por esto Freud dice que todas las personas son suicidas en potencia. Freud enfatizó que ninguno de los dos instintos podía existir solo, por lo cual el suicidio se daba cuando el instinto de muerte se desbordaba y tomaba el poder de la persona. Profundizando en el instinto de muerte, Freud lo define como un instinto conservador, que no busca nuevas experiencias, sino que tiende a buscar un estado de reposo, reposo que pudiera encontrarse en el suicidio.

Una de las posturas más importantes en el psicoanálisis es la de Menninger, quien se enfocó en las actitudes negadoras sobre la realidad del riesgo suicida de una persona, por parte de aquellos cercanos a él, que desatienden los avisos de intención o las advertencias del médico. La aportación más importante la da en su libro *El hombre contra sí mismo*, en donde describe cuáles son los tres componentes del suicidio:

1. El deseo de matar
Según Menninger, el suicidio se basa en el deseo de matar; puede cambiar por fuerzas externas y dirigirse el deseo hacia otra persona. Esto puede ocurrir cuando:

- El yo es tratado como un objeto externo, debido al reflejo de las fuerzas destructivas.
- Las personas propensas al suicidio son muy ambivalentes en sus afectos.

• Hay interrupciones súbitas en la vinculación con el objeto.

De acuerdo con el autor, la mayoría de las veces en que alguien se hace daño a sí mismo, en realidad se está lastimando a alguien más de manera indirecta.

Pero, ¿por qué la persona arremete contra sí misma y no contra la persona que le causa un daño? Este deseo puede frenarse por diversos factores como el miedo, principalmente el miedo a las consecuencias del acto de asesinar, como ir preso. Otro factor puede ser la conciencia, que actúa como un juez, siendo muy riguroso con uno mismo, por lo que es más sencillo que el acto vaya contra uno mismo.

Esta desviación, a su vez, puede ser consecuencia del debilitamiento del odio, ya que el autor afirma que el amor y el odio van de la mano, aunque en ocasiones uno de ellos sobresalga; cuando se lastima a alguien, sobresale el odio, pero cuando esto no sucede, se dice que disminuye el odio y aumenta el amor hacia la persona a la que se quería dañar.

2. El deseo de estar muerto

La persona que experimenta deseos de matar (anteriormente mencionados) al mismo tiempo experimenta deseos de ser castigado por este tipo de pensamientos. Esto se refleja cuando una persona intenta el suicidio después de haber deseado la muerte de otra persona, particularmente un ser querido o alguien cercano; al sentir culpa por dicho acto, desea ser castigado de la misma manera, aunque algunas veces no tiene el valor para hacerlo de una manera directa, por lo cual busca que suceda de forma indirecta, como puede ser descuidando una enfermedad o no siguiendo las indicaciones del médico.

3. El deseo de morir

De acuerdo con Menninger, este deseo de morir estaba más latente en aquellas personas que tenían una profesión que implicara el riesgo directo de muerte (pilotos, policías, etcétera). Igualmente, puede ser un reto de la persona al instinto de muerte, descuidando su salud con la finalidad de contraer algún tipo de enfermedad.

Este deseo se relaciona con el deseo de volver al vientre materno, sobre todo en aquellas personas que intentan o cometen suicidio a través del ahogamiento en agua (Menninger, 1972).

Teorías cognitivo-conductuales

Otra de las teorías que abordan el fenómeno del suicidio son las cogni-tivo-conductuales, las cuales tratan de buscar y explicar el fundamento del suicidio. De acuerdo con esta teoría, la conducta es muy difícil de predecir, principalmente la conducta suicida, ya que los estímulos que guían a la meta determinan los medios a utilizar; pero la búsqueda de la meta es lo que le da sentido a la conducta.

El principal representante de esta teoría es Aaron Beck. Su teoría dice que los hombres crean categorías internas o mentales de acuerdo con sus experiencias, y a partir de estas categorías la persona percibe, interpreta y estructura la realidad.

Beck interpreta el suicidio desde el marco de la depresión, la cual, dice, se produce cuando el sujeto sufre distorsiones en el procesamiento de la información; estas distorsiones se dividen en:

- Inferencia arbitraria: el sujeto hace predicciones que no están ba-sadas ni en razonamiento lógico ni en la experiencia, e incluso algunas de estas predicciones van en contra de la evidencia, funda-mentándose en cuestiones subjetivas más que objetivas.
- Abstracción selectiva: el sujeto establece conclusiones tomando como base detalles que no son significativos dentro del contexto en el que se dieron, con lo cual su conducta se orienta de manera poco objetiva.
- Generalización excesiva: el sujeto toma situaciones aisladas y sin gran conexión, para realizar pautas o valoraciones generales. El sujeto en estos casos presta atención a hechos extraídos de la situa-ción en la que se dan.
- Maximización y minimización: el sujeto realiza evaluaciones erró-neas de la magnitud e importancia de los hechos, debido a lo cual responde a los hechos de manera desproporcionada.
- Personalización: el sujeto se atribuye hechos que se deben a cir-cunstancias externas, sobre las que el individuo no tiene ninguna injerencia.
- Pensamiento absolutista: el sujeto valora las circunstancias de acuerdo con valores fijos, con dos categorías opuestas, es decir, adopta una conducta de polarización, a través de la cual asimi-la toda la realidad, categorizándola en un polo o en el otro, y

evitando cualquier valoración de la situación (Clemente y González, 1996).

Beck consideraba que la depresión era un pérdida de la energía vital, que a su vez es resultado de una falta de expectativas originada por las percepciones erróneas de la persona; estas percepciones surgen a través de la tríada cognitiva:

1. Visión negativa de uno mismo.
2. Visión negativa del futuro.
3. Visión negativa del mundo.

En el marco de esta teoría, se cree que los individuos suicidas tienen una estructura cognitiva especial, diferente a la de las personas que no presentan perturbaciones o de aquellos cuyas perturbaciones emocionales no contemplan el suicidio. En el suicida hay una ambivalencia entre el deseo de vivir y morir, lo cual origina un conflicto antes del acto suicida.

Beck también plantea que el suicidio es una expresión del deseo de escapar de las situaciones que no se pueden soportar; además, las personas que presentaban una sintomatología depresiva se sentían como una carga inútil, lo que creaba la idea de que las cosas estarían mejor sin ellos (Beck, 1979).

Dentro de las terapias cognitivo-conductuales existe otro autor que brinda una explicación de la problemática suicida: George Kelly y su teoría de los constructores personales. El autor parte del hecho de que cada persona tiene una manera particular de adaptarse al ambiente, en función de las categorías cognitivas que posee y la manera en que procesa las experiencias a través de ellas. Esta formar particular de procesar es lo que hace que el individuo interprete su realidad.

Partiendo de estos postulados, Nelly sustenta su teoría del suicidio diciendo que la realidad es independiente de la interpretación que cada persona le da, siendo ésta la que finalmente orienta la conducta. Para iniciar su formulación, parte de la idea de los constructores personales, en donde la idea subyacente es que la realidad no se puede explicar por sí misma, sino que es el sujeto quien le atribuye un significado. Con base en esto se plantea el concepto de validación, es decir, la experiencia valida las expectativas cuando cumplen las anticipaciones de la persona, pero, por el contrario, pueden negar el marco de predicción cuando estas expectativas no se cumplen; en resumen, se confronta el pensamiento con las expectativas (Clemente y González, 1996).

Este concepto es central en la teoría de Kelly, ya que para el autor el suicidio es un acto mediante el cual la persona trata de validar la vida, dándole un sentido; de esta forma, el autor le da un papel central a la persona, al contrario de las teorías anteriores. Con esto, además, Kelly dice que el suicidio no tiene del todo un componente autodestructivo, sino como un acto que busca prolongar y dar significado a la vida; esto lo basa en:

- El futuro parece obvio para el individuo, por lo que éste no logra motivarlo.
- Cuando el futuro le resulta totalmente impredecible, el sujeto se siente obligado a "dejar la escena".

A su vez, Kelly presenta dos diferentes definiciones respecto de lo que es el suicidio y la persona que lo comete:

- Suicidio: es un acto por el cual el individuo trata de validar la vida mediante una salida falsa.
- Suicida: persona cuyo sistema de construcción de la realidad está distorsionado, lo que provoca un abatimiento o aburrimiento. Con esto el autor introduce el concepto de sujetos psicológicamente muertos.

También, como parte de sus postulados, Kelly afirma que el suicidio no se puede explicar en términos de necesidades, emociones, reforzamiento, aprendizaje, entre otros, por lo cual plantea nuevos conceptos para explicar el fenómeno:

a. Dilación *vs.* constricción: referente a la amplitud del campo de intereses de la persona.
b. Angustia: incapacidad de predicción.
c. Amenaza: la persona prevé cambios sobre su identidad y no se siente capaz de controlarlos.
d. Hostilidad: es cuando el sujeto fuerza los acontecimientos para que éstos cuadren con sus predicciones.
e. Culpa: va de acuerdo con el papel que desarrolla el sujeto en su contexto social; sucede cuando la persona no es capaz de satisfacer las demandas de dicho papel.

f. Postulado básico y corolario de elección: el primero se refiere a los procesos psicológicos de la persona, dirigidos por sus parámetros de predicción; el segundo son las alternativas estratégicas para la resolución de situaciones (Clemente y González, 1996).

Otro de los autores de la teoría cognitivo-conductual es Rotter, el cual plantea la teoría de la internalidad/externalidad.

Esta teoría compagina la teoría del aprendizaje social en conjunto con la psicología del refuerzo social y la psicología cognitiva. Con ésta explica conductas ante la vida y el entorno, que es determinado por la elección o inhibición que a su vez es determinada por las atribuciones de logro o fracaso que la persona haga de su conducta, condicionada por la interacción con la realidad y el ambiente.

La principal aportación de Rotter al tema del suicidio viene de la idea de que la experiencia continuada de ineficacia durante la vida de la persona, puede llevar a ésta a la absorción y estancamiento de las limitaciones que le son impuestas por el ambiente, por lo cual la persona rompe el vínculo con éste. De tal forma que el suicidio puede deberse a dos hechos.

1. Suspensión de la proyección social: al no realizar las expectativas propias y percibirse como una persona incapaz de controlar su vida y los acontecimientos que se le presentan.
2. Alternativa: que se ve como plausible cuando no se realizan ciertas expectativas que sirven de refuerzo vital para la persona.

Rotter dice que la persona necesita de refuerzos vitales y un umbral mínimo de logro para desarrollarse correctamente, determinado todo esto por el nivel de control que tenga sobre su vida y la satisfacción de sus necesidades (Clemente y González, 1987).

Teoría sistémica

Se ha visto que no solamente los factores internos de la persona son los que desencadenan el suicidio, también hay influencia de los sistemas de los que es parte, como la familia. En este sentido, los problemas que se dan en el seno de la familia (mala comunicación, pérdida de un padre, etcétera) son vistos como abrumadores y asfixiantes, y si se conjunta con problemas laborales, deductivos, económicos y de comunicación, las relaciones al interior de ésta se modifican de forma negativa, aislando a la persona y lanzándola a buscar apoyo en subsistemas con ideologías diferentes, lo cual puede llevar a la persona a la ideación suicida y posteriormente al suicidio (Villardon y Gasto, 1993).

Otro de los factores desencadenantes pueden ser los distintos tipos de patrones familiares, los cuales pueden conjuntarse con otros factores para llevar a la persona a cometer suicidio; estos patrones son:

1. Triangulación: son contradicciones que recibe la persona respecto a las directivas; esto puede verse, por ejemplo, en el joven, que se ve presionado para apoyar o tomar partido por uno u otro padre en casos de divorcio, lo cual origina una gran presión en la persona. Esto puede generar miedo e inseguridad, lo cual puede hacerlo pensar que el mundo es un lugar inseguro.

2. Sistema prematuramente desligado: si se le fomenta una independencia a muy temprana edad a la persona, sin darle las herramientas para afrontar las problemáticas sociales, esto podría provocarle una grave depresión, puede sentirse fuera del contexto y expulsada de la familia; al sentir esto y enfrentarse a otros contextos, puede descargar toda su desesperación y problemas sobre sí misma, llevándola al suicidio.

3. La familia perfecta: la familia es muy rígida y no hay disposición al cambio, ni a las exigencias que presentan los integrantes de la misma. Al ser un contexto muy opresivo, la conducta suicida actúa como una forma de forzar el cambio (Fishman, 1988).

Bajo estas circunstancias, la persona tiene que escoger entre renunciar a las relaciones afectivas con su familia o renunciar a su visión de la realidad, lo cual lo pone en una situación sin escape, ya que no puede vivir fuera de su familia y tampoco puede renunciar a su realidad, por lo cual comienza a pensar en la posibilidad del suicidio.

Cuando un suicidio ocurre dentro de la familia, ésta empieza a cuestionarse, especialmente la relación que tenía con la persona que murió, al igual que con los otros miembros. Las personas que antes estaban satisfechas con su visión de la realidad, ahora comienzan a pensar cuál pudo ser su influencia en la decisión que el suicida tomó, el papel que tiene en la familia y sus acciones (Casullo, Bonaldi y Fernández-Lipoace, 2000).

Dado que el suicidio es una muerte fuera de tiempo, es posible que las relaciones que se dieron con el suicida hayan sido conflictivas, por lo que la emoción predominante puede ser la culpa. La reorganización puede ser difícil y plantea riesgos de una disfunción futura, a menos que al momento del suceso la familia actúe de manera abierta y flexible, y busque el apoyo adecuado en una red social especializada.

Teoría biológica

En las últimas dos décadas ha habido un cambio de foco respecto al estudio del suicidio, el cual se ha redirigido hacia aproximaciones psicobiológicas; esto se debe a descubrimientos que han relacionado el suicidio con la neurotransmisión serotonérgica y con ciertas funciones neuroendocrinas.

La serotonina es un neurotransmisor que fue aislado en la sangre por primera vez en 1948. Dentro de las funciones que se le atribuyen están el control de los ritmos neuroendocrinos, el sueño, el humor y el apetito, entre otros. Su relación con el suicidio se ha mostrado principalmente en sus autorreceptores, como la 5-hidroxitriptamina (5-HT) y el metabolito de la serotonina, el ácido 5-hidroxiindolacético (5-HIAA), responsable de la degradación de ésta.

- Entre las primeras investigaciones hechas en torno a la biología del suicidio se encuentra la realizada respecto de la presencia de 5-HIAA en el fluido cerebroespinal (CSF). Las investigaciones han demostrado que los pacientes que han tenido intentos de suicidio muestran bajos niveles de fluido cerebro espinal y del ácido 5-hidroxiindolacético (CSF 5-HIAA). De igual manera, se encontró que este tipo de pacientes usaba métodos activos y violentos al cometer el suicidio, mientras que los que poseían un nivel normal recurrían a métodos como la sobredosis. Pero la relación no es exclusiva de pacientes deprimidos, ya que se ha encontrado también en pacientes que sufren de trastornos de la personalidad, en desórdenes emocionales leves y en esquizofrénicos.
- Marcadores de plaquetas con una baja actividad de la oxidasa monoamida (MOA), enzima responsable de la degradación de la sero-

tonina, la cual ha mostrado tener relación con ciertos rasgos de la personalidad, como la impulsividad. La asociación de baja MOA y suicidios ha sido tratada en diferentes estudios, entre ellos algunos que demostraron que problemas psicosociales, entre ellos el suicidio, se encuentran en relación con bajos niveles de MOA.

- Marcadores endocrinológicos: se ha encontrado que una excesiva actividad del eje hipotálamo-pituitario-adrenal (HPA) se encuentra relacionada con la depresión y el suicidio; esta actividad se refleja en la secreción de cortisol, ya que las altas concentraciones de éste en la orina fueron encontradas en pacientes que han intentado o completado un suicidio.

- Colesterol: estudios epidemiológicos en terapias reductoras del colesterol han encontrado que los bajos niveles de colesterol están relacionados con muertes violentas, como el suicidio. Estudios han mostrado que pacientes depresivos y sus familiares tienen menores niveles de colesterol que pacientes normales. También se encontró que pacientes con bajos niveles de lipoproteínas de alta densidad (HDL), que contienen 30% de colesterol, tenían una historia de intentos de suicidio serios (Traskman-bendz, en Hawton, 2000).

Teorías contemporáneas

En los últimos años ha habido teorías para explicar el suicidio que recurren a modelos alternos a las teorías clásicas.

Una de estas teorías o enfoques fue la de Schneidman, el cual estudia el suicidio desde una visión fenomenológica. Dentro de este enfoque, el autor propone el modelo cúbico del suicidio, en el cual se presentan tres componentes:

1. Presión: son eventos en la vida de la persona que influyen en sus pensamientos, sentimientos y conducta. Esta presión puede ser tanto positiva como negativa, y son estos últimos los que pueden llevar al suicidio.
2. Pena: se refiere a un castigo psicológico que es resultado de la frustración de una necesidad psicológica.
3. Perturbación: es el grado de trastorno en el que se encuentra la persona.

El autor cree que la pena es el más importante y su reducción puede prevenir el suicidio. Él mismo identifica algunas características que son iguales en todo acto suicida:

- El propósito común es buscar una solución.
- El objetivo es el cese de la conciencia.
- El estresor común son las necesidades psicológicas frustradas.
- La emoción común es la indefensión-desesperanza.
- El estado cognitivo es la ambivalencia.
- El estado perceptual es la constricción, es decir, que la persona sólo percibe una posibilidad a los problemas.
- El acto interpersonal común es la comunicación de la intención.
- El acto suicida es coherente con los patrones de afrontamiento que ha tenido la persona a lo largo de su vida (Villardón, 1993).

Otra teoría es la de Sugiyama, la cual divide el suicidio en tres tipos, dependiendo de la motivación subyacente:

a. Necesidad de comunicación: las personas que recurren al suicidio buscan reabrir un canal de comunicación que se encuentra bloqueado. La frustración de no poderse comunicar con alguien puede iniciar el acto. Este tipo de suicidio es acompañado por una nota y un acto suicida dramático. El mensaje suicida puede llevar un motivo intrapunitivo o extrapunitivo. El motivo intrapunitivo se da cuando la persona ha cometido un error o ha fallado en el desempeño de sus responsabilidades y se suicida para demostrar su arrepentimiento o justificar el fracaso. El motivo extrapunitivo es cuando la persona comete el suicidio por rencor, resentimiento o venganza.

b. Necesidad de cohesión social: el suicidio se ve relacionado con el valor de pertenencia, sobre todo la cohesión interpersonal basada en la lealtad, aprecio, amistad o amor verdadero. En ocasiones este tipo de suicidio puede ser doble o incluir más de dos, como en el caso del suicidio por amor, en donde un hombre y una mujer cometen suicidio bajo esta idea. Las causas del suicidio por amor pueden ser: 1. Nula esperanza de ser amado; 2. Una parte se siente inseparable del otro, cuando éste está destinado a morir; 3. Ambas partes, incapaces de vivir juntas, deciden morir porque se aman; y 4. Una parte, ante una muerte inevitable, fuerza a la otra a morir con ella.

c. Necesidad de mantenimiento del estatus: esto es, cuando se comete por identificación compulsiva con el estatus o el lugar que tiene o al que aspira. También se puede dar en anticipación al error o fracaso, sobre todo cuando se está en la transición de un papel al otro. La presión suicida se agrava al estar en una sociedad que busca que las personas mejoren continuamente su estatus.

Estos tres tipos de suicidio son excluyentes, pero un suicidio puede ser provocado por la interacción de las tres causas (Díaz del Guante, 1994). A través del estudio de estas teorías, podemos descubrir la gran variedad de interpretaciones que se han dado respecto al fenómeno del suicidio, lo cual sirve como base para entender la variedad de investigaciones que se han hecho al respecto, con una amplia variedad de enfoques.

Bibliografía

Aristóteles (2001). *Ética a Nicómaco*. Madrid: Mestas.

Beck, A. (1979). *Terapia cognitiva de la depresión*. Madrid: Siglo XXI.

Casullo, B., Bonaldi, P., y Fernández-Lipoace, M. (2000). *Comportamientos suicidas en la adolescencia*. Buenos Aires: Lugar Editorial.

Clemente, M. y González, A. (1996). *Suicidio, una alternativa social*. Madrid: Editorial Biblioteca Nueva.

De Leo, D., Bille-Brahe, U., Kerkhof A., y Schmidtke, A. (2004). *Suicidal behaviour*. Massachussetts: Hogrefe & Huber.

Díaz del Guante, M., y Molina, M. (1994). Neurobiología del suicidio. *Psicología y Salud 3*, 81-98.

Evans, G., y Farberow, N. (1988). *The Encyclopædia of Suicide*. Nueva York: Facts on File.

Fishman, H. (1988). *Tratamiento de adolescentes con problemas: Un enfoque de terapia familiar*. Buenos Aires: Paidós.

Hawton, K., y Heeringen, K. (2000). *The internacional handbook of suicide and attempted suicide*. Nueva York: Wiley.

Jacobs, D. (1999). *The Harvard Medical School guide to suicide assessment and intervention*. Massachusetts: Harvard Medical School.

Jung, C. (1959). *The meaning of death*. Nueva York: McGraw Hill.

Maris, R., Berman, A., y Silverman, M. (2000). *Comprehensive textbook of suicidology*. Nueva York: The Guildford Press.

Menninger, K. (1972). *El hombre contra sí mismo*. Barcelona: Ediciones Península.

Minois, G. (1999). *History of suicide. Voluntary death in western culture*. Baltimore: The Johns Hopkins University Press.

Moller H.J., Schmidtke, A., y Welz, R. (1988). *Current issues of suicidology*. Berlín: Spinger-Verlag.

Platón (1991). *Las leyes*. México: Porrúa.

Platón (1998). *Fedón*. Madrid: Alianza Editorial.

Rodríguez Pulido, F., González de Rivera y Revuelta J.L., Gracía Marco, R., y Montes de Oca, D. (1990). El suicidio y sus interpretaciones teóricas. *Psiquies, 11*, 374-380.

Sarro, B., y De la Cruz, C. (1991). *Los suicidios*. Barcelona: Martínez Roca.

Villardón, J., y Gasto, C. (1993). *El pensamiento suicida en la adolescencia*. Bilbao: Universidad de Deusto.

Capítulo 3

Problemática suicida: algunas consideraciones desde la investigación psicosocial

Catalina González-Forteza
Alberto Jiménez Tapia

En este capítulo abordamos la problemática suicida, presentando inicialmente algunos aspectos conceptuales, para pasar posteriormente a una revisión y análisis de publicaciones desde la perspectiva epidemiológica y psicosocial; por último, presentamos resultados de investigaciones en torno a la problemática suicida en la población escolar y algunas recomendaciones para su prevención.

Aspectos conceptuales de la problemática suicida

Durante diferentes periodos de la historia se han generado debates y opiniones acerca de la forma de concebir el suicidio como fenómeno de investigación, para determinar sus motivaciones y los factores que lo predisponen y conducen a una persona a su ejecución. De este modo, se ha indicado que existen tres posturas principales frente al fenómeno del suicidio (Gillin, en Durkheim, reedición 1974): la sociológica, la psiquiátrica y la psicoanalítica freudiana. La primera intenta explicar las variaciones en las tasas de suicidio a partir de diversas manifestaciones sociales. La aproximación psiquiátrica adjudica su origen a factores asociados con la enfermedad mental. La teoría neofreudiana lo explica desde el instinto de muerte autodirigido al reprimir la posibilidad de dirigirlo hacia el exterior. Cabe considerar también la perspectiva psicosocial, que pretende comprender y atender la problemática suicida inserta en sus contextos sociales emocionalmente significativos.

Los elementos que conforman la problemática suicida están insertos en un fenómeno que resulta complejo y que posee características dinámicas; lo relativo a este asunto está lejos de constituir un hecho aislado y de una sola arista. Entre los aspectos vinculados con éste como objeto de estudio, se han identificado momentos específicos que lo conforman (Rich *et al.*, 1992): ideación suicida pasiva, contemplación activa del propio suicidio, planeación y preparación, ejecución del intento suicida y el suicidio consumado. Cada una de estas etapas o momentos implica cierto riesgo para la salud de las personas y se puede constituir como un área de estudio por sí misma, dado que cada una posee rasgos particulares y características específicas.

Uno de los aspectos a los que teóricos e investigadores han dedicado un cúmulo considerable de energía ha sido el de llegar a una definición suficientemente amplia de lo que se puede entender por problemática suicida. Hacia el final del siglo XIX, Émile Durkheim definió el suicidio en términos de un acto personal, con un propósito definido y que se realiza de manera consciente, con el fin de terminar con la propia vida (Durkheim, 1974). Con sus aportaciones, Durkheim amplió la perspectiva individualista de la tradición médica al afirmar que, además de los factores individuales, en el acto suicida se entrelazaban condiciones múltiples que favorecían la desintegración social y contribuían a explicar las tasas de suicidios en distintas culturas y épocas históricas. De este modo, muchos de los investigadores dedicados estudiar e identificar las circunstancias relacionadas con el suicidio han señalado que existe cierta relación entre los niveles de integración social, violencia, consumo de alcohol y drogas, estabilidad familiar, así como factores interpersonales y sociológicos, que influyen en la tasa de suicidio dentro de cualquier grupo o subgrupo cultural (Heacock, 1990).

A partir de la conceptualización de Durkheim, se generó un cambio respecto de la perspectiva que se tenía sobre este fenómeno, ya que se le dio importancia a los elementos del contexto que rodean al individuo y se puso mayor atención sobre los motivos menos evidentes que lo impulsaban. Ahora se sabe que, además de ser un problema de orden multifactorial, el suicidio tiene un curso más o menos definido, con diferentes instancias y categorías de análisis (Diekstra, 1993), además de objetivos diferentes a la muerte como tal. En la actualidad, se cuenta con datos que señalan que, en ocasiones, la meta es llamar la atención, acabar con el sufrimiento o tomar venganza de alguna figura de autoridad (González-Forteza *et al.*, 2002).

El impacto del suicidio en México ha ocasionado que se le considere como un problema de salud pública, ya que según los registros oficiales las tasas de mortalidad por esta causa se han incrementado de manera notoria en los años recientes (Mondragón, Borges y Gutiérrez, 2001). La magnitud de este fenómeno como factor precipitante de muertes prematuras hace imperativa la investigación para encontrar explicaciones plausibles y obtener una comprensión mejor de los elementos que le dan origen, de forma que se puedan estructurar y poner en marcha mecanismos de intervención y prevención que ayuden a reducir sus consecuencias, así como su relación con otros problemas de salud pública, tanto a nivel conductual como en lo que subyace a comportamientos problemáticos, como la ansiedad, la depresión y la autoestima, entre otros (Jessor, 1991).

Análisis de publicaciones

La trayectoria histórica de artículos de investigación publicados en revistas con arbitraje científico de circulación nacional e internacional es uno de los visores que nos permiten desarrollar panoramas globales de su estado actual, así como de la evolución y el curso que han seguido a través de los años. En este capítulo presentamos un análisis de los artículos publicados por investigadores de la Dirección de Investigaciones Epidemiológicas y Psicosociales (DIEP) del Instituto Nacional de Psiquiatría Ramón de la Fuente Muñiz (INPRFM), desde 1982 a 2006. La búsqueda y obtención de los manuscritos se realizó en la base de referencias bibliográficas (Biblismad) del Centro de Información en Salud Mental y Adicciones (García, Domínguez, Jiménez, Gutiérrez y Solís, 2002). Los trabajos que se incluyen son aquellos que consideran en su estructura alguna variable relacionada con la problemática suicida y que, de alguna manera, nos brindan una perspectiva general sobre los temas, las áreas y las unidades de análisis que, dentro de la problemática suicida, han recibido mayor atención durante este periodo en el INPRFM.

Entre 1982 y 2006, los investigadores de la DIEP han publicado 62 artículos de investigación en los que se ha considerado la problemática suicida dentro de sus variables de interés, ya sea como la principal o como variable secundaria. De éstos, 66% se realizó con datos obtenidos de diferentes unidades de análisis de la ciudad de México, 24% con información de muestras o fuentes a nivel nacional y 10% de unidades de análisis o fuentes de otros lugares (diferentes países y estados de la República Mexicana).

En cuanto al aspecto de la problemática suicida o área de interés del suicidio que se trató en cada artículo: 31% de los trabajos se concentró en la ideación suicida; 23% en el intento de suicidio; 20% en el intento y la ideación; 11% en el intento y el suicidio consumado; 8% en el suicidio consumado, y, finalmente, 6% en la conducta suicida en general.

Respecto a las unidades de análisis empleadas en cada caso, 43% se enfocó en adolescentes, 29% en adultos, 16% en registros documentales, 6% en población general, 2% en adolescentes y adultos, 2% en niños y 2% en familiares de pacientes con esquizofrenia. Los artículos que se revisaron tuvieron un enfoque psicosocial, epidemiológico o ambos; 19% de los trabajos fueron revisiones de literatura.

Se pudieron identificar cinco áreas de trabajo o temáticas definidas en cuanto a los tópicos relacionados con la problemática suicida, desde diferentes perspectivas y con diferentes finalidades. En la mayor parte de los escritos, la atención se centró en la problemática suicida propiamente, mientras que, en algunos otros, los temas relacionados con el suicidio se analizaron de manera colateral, ya que el interés fundamental del trabajo se centró en otros fenómenos. La sistematización de la información obtenida de los artículos se encuentra en la tabla 1.

La primera área de trabajo se conformó en la década de los ochenta. El interés básico giró en torno al suicidio consumado y el intento de suicidio, el cual se analizó en escenarios hospitalarios con población adulta. Durante este periodo se publicaron 13 artículos.

El trabajo de la segunda área de interés se desarrolló entre 1991 y 1994; en este caso, las investigaciones se orientaron hacia la relación entre el intento de suicidio y el consumo de alcohol en adultos que acudieron a salas de urgencias en hospitales; en este periodo se generaron tres publicaciones con este interés.

La tercera área de trabajo puede dividirse en dos épocas más o menos definidas por los intereses de las investigaciones que se realizaron, la primera entre 1994 y 1995 y la segunda entre 1996 y 1998. La atención en este caso se centró en adolescentes estudiantes de secundaria y bachillerato, mediante encuestas sobre consumo de sustancias, además de encuestas sobre trastornos psiquiátricos con adultos en población general, en las que, de manera adyacente, se incluyeron aspectos de ideación suicida. Durante este periodo se publicaron seis artículos.

Dentro de la cuarta área temática se realizaron investigaciones entre 1995 y 2001. En este caso el trabajo se concentró en el intento de suicidio y la ideación en adultos y adolescentes de población general y en pacientes de salas de urgencias; el énfasis se colocó sobre la problemática suicida. En este caso, se desarrollaron y publicaron diez trabajos de investigación.

Por último, se puede decir que la quinta área de trabajo que se identificó ha desarrollado investigaciones desde 1994 hasta la fecha. En este caso, su interés se ha dirigido hacia la problemática suicida en general (considerada como el estudio conjunto del intento y la ideación) en adolescentes estudiantes de secundaria y bachillerato. Como parte de los aspectos explorados se han incluido diferentes factores de riesgo y variables relacionadas con el fenómeno, además de que se consideraron diversos elementos enfocados hacia la intervención y la prevención. Hasta el momento, dentro de esta área se han publicado 30 artículos.

Alcances y retos

El estudio de la problemática suicida no es un asunto sencillo; los trabajos que la aborden deben tener en consideración la importancia de identificar, con la mayor amplitud posible, las circunstancias y aspectos relacionados con el fenómeno (Heacock, 1990). Para los investigadores de la DIEP, éste ha constituido una de las líneas de investigación más fácilmente reconocibles y productivas en los últimos 25 años.

Como se puede observar, se han abordado diferentes dimensiones implicadas en el suicidio. Se ha estudiado el suicidio consumado, el intento de suicidio y la ideación suicida en adultos y adolescentes, mujeres y hombres de población abierta y estudiantil, por lo que se ha logrado un panorama bastante certero en cuanto a la problemática suicida. Sin embargo, queda todavía pendiente el trabajo en poblaciones infantiles y ocultas.

Por otro lado, la mayor parte del esfuerzo en esta área la han desarrollado psicólogos y médicos psiquiatras, por lo que resultaría interesante contar con estudios multidisciplinarios que permitan tener acceso a una visión más global del fenómeno y las diversas problemáticas que lo rodean.

Asimismo, otro aspecto que se debe desarrollar es el planteamiento de proyectos colaborativos con investigadores de otros estados, los cuales permitirían tener una descripción nacional más detallada, estableciendo y fortaleciendo redes de trabajo. Un ejemplo de ello es la Asociación Mexicana de Suicidología, cuya reciente constitución responde al interés de facilitar y comprometer vínculos académicos para el trabajo colaborativo multidisciplinario, en los ámbitos nacional e internacional.

Las investigaciones realizadas hasta ahora, tanto epidemiológicas como psicosociales, han puesto cierto énfasis en las comparaciones por sexo. El reto es llevar el análisis más allá e incluir en los diseños la perspectiva de género como un elemento importante en los nuevos diseños, que permita una explicación y comprensión más completas de las semejanzas y diferencias entre hombres y mujeres.

Finalmente, dado que el suicidio no se puede explicar sólo en términos patológicos, sino como un hecho que forma parte de un proceso biológico, psicológico, social y cultural, es imperioso dar el salto de la investigación descriptiva a la aplicada, que nos permita pasar al campo de la prevención primaria (con la identificación de factores protectores) y secundaria (a través de la identificación de factores de riesgo), y evaluar las intervenciones y programas de educación para la salud mental.

¿Problemática suicida en la población adolescente escolar?

Si bien las fuentes oficiales como INEGI, Secretaría de Salud, Semefo, etcétera, muestran un panorama epidemiológico de la problemática suicida con algunas diferencias, todas estas fuentes coinciden en señalar:

- A la población de adolescentes y jóvenes adultos como la de mayor prevalencia, tanto en lo que se refiere al suicidio consumado como a su tentativa.
- Que los varones se suicidan más y que en las mujeres es más alta la tasa de intentos.
- Que hay zonas geográficas con mayores prevalencias, en comparación con otras del país.

Sin embargo, falta mucho por definir: ¿de qué población de jóvenes y adolescentes se trata? Según contextos y tipos de poblaciones: ¿de menores infractores?, ¿de quienes sobreviven o trabajan en las calles?, ¿de estudiantes?, ¿migrantes?, ¿indígenas?, etcétera. Con esto en mente, nos preguntamos: ¿existe la problemática suicida en la población escolar? Si es así, ¿cuál es su magnitud?, ¿cuál su tendencia?, ¿cuáles son los grupos de mayor riesgo?

Para indagar si la problemática suicida existe en los estudiantes adolescentes, cabe señalar que centramos nuestra atención en la categoría de Lesiones Autoinfligidas Deliberadamente (LAD), ya que en su definición se constituye un amplio espectro de conductas, que pueden devenir, o no, secuencias letales o fatales. Es por ello que en este gran conjunto de conductas autodestructivas están implícitas aquellas denominadas: gesto suicida, intento o tentativa (con su monto de letalidad correspondiente) y, en consecuencia, el suicidio consumado. Reconocido es que el intento suicida es uno de los predictores más importantes para el suicidio consumado. Sea cual fuere la causa que consciente o inconscientemente motive a los adolescentes a autolesionarse o a tratar de quitarse la vida, lo cierto es que no existe un "control absoluto" sobre la vida y la muerte; ya que hay quienes han sobrevivido a la autolesión, aun teniendo una franca convicción y propósito de morir, y hay quienes han muerto habiendo querido permanecer vivos. En definitiva, las lesiones autoinfligidas deliberadamente, y el intento suicida en específico, por sí mismos se constituyen en factores de riesgo para la salud mental, más allá de las interpretaciones que se les pudiera o se les quisiera asignar.

En México, actualmente no existen registros estadísticos oficiales *periódicos y sistemáticos* en la población escolar respecto de las lesiones autoinfligidas deliberadamente, que incluyen los intentos suicidas; sin embargo, se están llevando a cabo esfuerzos significativos y ejemplo de ello son los resultados de algunos estudios que se reseñan a continuación y que evidencian si la problemática suicida está presente.

- *Ideación suicida (muestra representativa de estudiantes en la ciudad de México).* López *et. al.* (1995) identificaron en una muestra representativa de estudiantes del Distrito Federal, que en la semana previa a la encuesta, 47% reportó al menos un síntoma de ideación suicida, 17% pensó en quitarse la vida y 10% presentó todos los indicadores de ideación suicida sin acusarse diferencias estadísticamente significativas entre hombres y mujeres.
- *Lesiones autoinfligidas deliberadamente (muestra por cuota de estudiantes de la ciudad de México).* En otro estudio con estudiantes se encontró que cerca de 20% reportó haberse hecho lesiones autoinfligidas deliberadamente (intentado)/estado a punto de quitarse la vida. Entre los estudiantes de secundaria, la edad promedio de tal conducta fue a los 11.5 años y entre los estudiantes de bachille-

rato el promedio de quienes reportaron esta conducta suicida fue de 14.6 años, siendo mayor la proporción de LAD en las mujeres de secundaria y de bachillerato (González-Forteza, 1996a).

- *Lesiones autoinfligidas deliberadamente (muestra representativa de estudiantes de la ciudad de Pachuca, Hgo.).* Los análisis de una encuesta representativa en estudiantes de secundaria y bachillerato en la ciudad de Pachuca, capital del estado de Hidalgo, muestran que la prevalencia alguna vez en la vida de LAD fue considerable (10.1%), con una proporción de 2:1 de las mujeres (13.3%) sobre los hombres (6.3%); la edad promedio de la única/última LAD fue de 13 años en ambos sexos (González-Forteza *et al.*, 1998).

- *Lesiones autoinfligidas deliberadamente (población total de dos escuelas de secundaria en el Centro Histórico de la ciudad de México).* En una investigación llevada a cabo en 1999 con 936 estudiantes de secundaria en dos escuelas públicas en el Centro Histórico de la ciudad de México (la de mayor y menor índice de reprobación escolar), se detectó una prevalencia de LAD de 3.5% en varones y de 11.4% en mujeres. La edad de la última o única LAD fue de 11.1 años en varones y de 12 años en mujeres (periodo en que se cursan los últimos años de la educación primaria). El principal motivo que subyace en esta conducta, en ambos sexos, fueron los problemas familiares que se pueden acotar en el terreno de la violencia intrafamiliar, ya sea psicológica (rechazo, desprecio, humillación, etcétera), física (maltrato, golpes, zarandeos, etcétera), y/o sexual (abuso, violación, etcétera) (González-Forteza *et al.*, 2001; 2003).

- *Lesiones autoinfligidas deliberadamente (muestras representativas de la ciudad de México: mediciones 1997, 2000 y 2003).* Con un enfoque epidemiológico y psicosocial, a partir de 1997 y cada tres años se está llevando a cabo un registro periódico y sistemático a cargo del INPRFM y la Secretaría de Educación Pública (SEP), que permite monitorear e indagar las tendencias de diversas problemáticas, como drogas, trastornos alimentarios, y en este caso de las LAD –que incluyen y circunscriben los intentos suicidas–. Hasta el momento, se han levantado tres encuestas con muestras representativas de la ciudad de México: 1997, 2000 y 2003, en las que participaron estudiantes de secundaria, bachillerato y bachillerato técnico, tanto de planteles oficiales como particulares, en los turnos matutino y vespertino. Para indagar acerca de las LAD y sus características, en el cuestionario se integraron indicadores evaluados previamente con el fin de conocer la ocurrencia de las LAD y número de veces en la vida, la edad de la única o última LAD, sus motivos y métodos. Estos dos últimos indicadores fueron diseñados en formato de respuestas abiertas. Y como indicadores de letalidad, en 1997 se indagó sobre la necesidad de hospitalización-tratamiento como consecuencia de las LAD; en 2000 y 2003, su intencionalidad respecto del deseo consciente de morir, y en 2003 se indagó también el propósito de las LAD, también en formato de respuestas abiertas (González-Forteza, 1996b).

Los resultados de las dos primeras mediciones mostraron que la prevalencia de LAD en adolescentes estudiantes de la ciudad de México en 1997 fue de 8.3% (N=849) y en 2000 se incrementó a 9.5% (N=1,009). En 1997, las delegaciones con las prevalencias más altas mayores a la global en por lo menos una unidad porcentual (≥ 9.3%) fueron: Cuauhtémoc (11.3%), Tlalpan (10.1%), Iztacalco (9.9%) y Benito Juárez (9.6%), y en 2000 (por arriba de 10.5%) fueron: Benito Juárez (12.3%), Venustiano Carranza (12.1%), Gustavo A. Madero (11.8%) y Cuauhtémoc (10.6%). En las mujeres fue más frecuente esta problemática (más de tres mujeres por cada varón). En el nivel de bachillerato, las prevalencias fueron mayores; sin embargo, las edades de la única/última LAD reportada indican que, en su mayoría, los eventos acontecieron en los años finales de primaria o durante la secundaria. Hubo mayor predominio de LAD en estudiantes de escuelas privadas, en especial en los bachilleratos. Si bien la problemática suicida en estudiantes fue más frecuente en las mujeres, se observó en hombres y mujeres con reporte de LAD; el perfil de las características fue similar: edad, entre diez y quince años; recurrencia, una de cada cuatro mujeres con LAD en las dos mediciones; y en los varones, la proporción de uno por cada cinco en 1997, aumentando a uno por cada tres varones en 2000; motivos: en ambos sexos se identificó un claro predominio en la esfera interpersonal (problemas familiares), seguidos por la esfera emocional (sentimientos depresivos); métodos: el más frecuente y con una tendencia al aumento: cortarse con un objeto punzocortante (frecuentemente el *cutter* o un pedazo de vidrio), y letalidad: también en ambos sexos, casi la tercera parte de los estudiantes reportó haber deseado morir y casi la mitad indicó que no le importaba si vivía o moría (González-Forteza *et al.*, 2002).

En la medición más reciente, realizada en 2003,[1] se encontró que en los estudiantes de secundaria, 5.4% de los hombres reportó que ha llevado a cabo alguna LAD en su vida; mientras que en las mujeres este porcentaje fue tres veces más alto (16.0%). Al analizar qué era lo que pretendían cuando la llevaron a cabo, sólo una quinta parte de quienes la hicieron querían seguir viviendo, al restante 80% no le importaba si vivía o moría, o bien quería explícitamente morir, o más específicamente "dejar de vivir". Los motivos más importantes que reportaron los hombres fueron: los problemas familiares y la soledad, tristeza o depresión. En las mujeres los motivos predominantes fueron los mismos, aunque la soledad, la tristeza y la depresión fueron ligeramente mayores. Por otra parte, los objetos punzocortantes y la ingestión de pastillas o medicamentos fueron los dos principales métodos de las LAD, tanto en hombres como en mujeres.

En los estudiantes de bachillerato, se observó que 6.8% de los hombres reportó LAD, mientras que en las mujeres este porcentaje fue 2.5 veces más alto (17.3%). Al indagar sobre el deseo de muerte explícito en las LAD, sólo 10.9% de los hombres y 23.0% de las mujeres reportaron que querían seguir viviendo; de modo que la mayor parte de los adolescentes (hombres = 89.1% y mujeres = 77.0%) reportó que no le importaba si vivía o moría, o bien reportó que quería dejar de vivir. Los motivos más frecuentes reportados por los hombres fueron que se sentían solos, tristes o deprimidos, los problemas familiares y personales; en las mujeres los motivos fueron similares: soledad, tristeza y depresión, los problemas con familiares, los personales y de pareja. Respecto al método utilizado, los cortes con objetos punzocortantes (frecuentemente en la muñeca) y la ingestión de pastillas o medicamentos fueron los dos métodos más frecuentes tanto entre hombres como entre mujeres.

• *Lesiones autoinfligidas deliberadamente (muestra representativa del estado de Guanajuato).* Con el mismo instrumento que se aplicó en la medición 2003 de la ciudad de México (González-Forteza,

---

[1] J. Villatoro, M.E. Medina-Mora, *et al.* (2003). Encuesta de Consumo de drogas en Estudiantes III. SEP-INPRFM. Proyecto Conacyt 42092-H y Proyecto INPRFM, claves: 4316/03 y 4316/04.

1996b), el Consejo Estatal de Población de Guanajuato levantó una encuesta con una muestra representativa de estudiantes de bachillerato en todos los planteles adscritos a la Universidad de Guanajuato (N = 2531) en toda la entidad federativa (González-Forteza *et al.*, 2005). Los resultados obtenidos mostraron que la prevalencia global de LAD fue de 7.2%; con una proporción hombre-mujer de 1:3, ya que en los hombres fue de 3.1% y en las mujeres fue poco más del triple: 10.7%. Las prevalencias más altas se identificaron en las jurisdicciones sanitarias con mayor crecimiento urbano (que comprendían a las ciudades de Guanajuato, León, Moroleón, etcétera). Respecto al número de veces de las LAD, tanto en hombres como en mujeres, poco más de la mitad reportó haberse hecho daño a propósito con el fin de quitarse la vida: 58.3% y 59.9%, respectivamente (LAD: conducta parasuicida única) y, por tanto, una proporción también importante de hombres y mujeres registraron haberlo hecho dos o más veces en su vida: 41.7% y 40.1%, respectivamente (LAD: conducta parasuicida recurrente). El promedio de veces en los hombres fue de 3.1 y en las mujeres de 3.7 veces en la vida. La edad en que se llevó a cabo la única o primera LAD fue a los trece años en ambos sexos; y en quienes reportaron dos o más LAD en su vida, la edad de la última vez también fue similar en ambos sexos: catorce años. El lapso de tiempo entre la primera y la última LAD fue menor a un año en ambos sexos, en edades en que, como estudiantes, regularmente se cursan los últimos dos años de la educación básica o primaria (5° y 6° grados), y se transcurre en la educación media o secundaria (1°, 2° y 3° grados). Los motivos reportados en formato abierto para realizar las LAD correspondieron en primer lugar a aquellos referidos a la *esfera emocional* (sentimientos de tristeza, falta de cariño-amor): hombres = 52.8% y mujeres = 45.9%; seguidos por los categorizados en la *esfera interpersonal* (problemas familiares): hombres = 30.6% y mujeres = 43.8%, y en menor proporción aquellos referidos como *eventos precipitantes*: hombres = 8.3%, mujeres = 8.2%. Respecto a los métodos para llevar a cabo las LAD, la mayoría de los hombres y las mujeres utilizaron objetos punzocortantes para autolesionarse (55.6% y 45.6%, respectivamente), seguido de la ingesta de pastillas o medicamentos; pero en mayor proporción en las mujeres (hombres = 22.2% y mujeres = 44.2%). De hecho, cabe destacar que en los hombres se registraron frecuencias más altas de métodos como la intoxicación por veneno o gas (8.3%), que las mujeres no reportaron, y arrojarse de alturas o contra autos (5.6% *vs.* 2.7%, respectivamente). Asimismo, sólo en los hombres se registró el uso de arma de fuego, que representó 2.8% de la muestra, mientras que en las mujeres no se reportó este método. A su vez, sólo las mujeres reportaron por ahogamiento (2.0%) o por golpearse (0.7%).

En torno al propósito de las LAD, se incluyó la pregunta "¿Para qué lo hiciste?", en formato de respuestas abiertas. Los resultados obtenidos muestran que la mayoría de hombres y de mujeres reportaron que querían morir o dejar de vivir (33.3% y 31.5%, respectivamente), seguido de quienes lo reportaron como intento de solución (19.4% y 22.6%), o como escape o huida (11.1% y 6.8%), entre las respuestas más frecuentes. Vinculado al propósito de las LAD, se indagó la intencionalidad respecto del deseo de morir. El perfil de respuestas fue similar en ambos sexos, donde la mayoría respondió que no le importaba si vivía o moría (63.9% los hombres y 47.9% las mujeres), seguido de la respuesta que denotaba querer dejar de vivir, morir (hombres = 25.0% y mujeres = 31.5%) y, en menores proporciones, haber llevado a cabo la LAD sin querer morir, queriendo seguir viviendo (hombres = 11.1% y mujeres = 20.5%).

Consideraciones para la prevención

Como se puede observar, reconocer la problemática suicida en la población escolar es un tópico relativamente reciente, pero que amerita atención urgente, pues las condiciones que la subyacen también tienden al aumento y, con ello, la tendencia al riesgo suicida es cada vez mayor. Por ello, es importante monitorear y reconocer esta problemática en la población escolar, no sólo en los adolescentes –estudiantes de secundaria y bachillerato–, sino también en los niños estudiantes de primaria para arribar a la promoción de la salud mental.

Reconocido es que la prevención puede dirigirse, por supuesto, a diferentes niveles. A un nivel primario, cuando las problemáticas no han acontecido y para evitar que sucedan; y a nivel secundario, cuando existen factores de riesgo e indicios de las problemáticas y antes de que las condiciones empeoren y las consecuencias sean fatales.

A nivel de prevención primaria, la educación es un componente clave, pero ¿dónde llevar a cabo estrategias de prevención? Diversos autores coinciden en señalar que la escuela es una de las principales instituciones para promover el desarrollo cognoscitivo y emocional de los niños. Los maestros podrían ser capacitados para reconocer los signos y síntomas de los factores de riesgo, así como el abuso y abandono de los niños. También pueden ser adiestrados para canalizar a los servicios de salud y a los centros especializados a quienes requieran asistencia. Pero todo esto no puede ser posible sin una *auténtica relación maestro-alumno fincada en la confianza*, y por ello la importancia de sensibilizar a la plantilla docente, en su labor no sólo académica sino también en su potencial como agentes de salud y de cambio.

Asimismo, para minimizar la multiplicidad de funciones de los maestros, también cabe considerar la instalación de un equipo de salud mental en los planteles escolares, a fin de fungir como agentes de prevención: educación para la salud mental, y canalización-seguimiento de los casos detectados y referidos. Actualmente, las escuelas secundarias oficiales no cuentan con este servicio, por lo que consideramos necesario que se incorpore en la organización escolar con equipos interdisciplinarios, autónomos de las autoridades escolares, adscritos a la Secretaría de Salud.

A nivel de prevención secundaria, con los indicadores protectores y de riesgo identificados en las investigaciones, se puede contribuir al diseño y construcción de instrumentos de tamizaje para la detección temprana y oportuna de adolescentes con riesgo suicida, con el propósito de habilitar al personal escolar asignado en cada plantel y a los equipos de salud, con herramientas eficaces y fáciles de aplicar. Y también es importante implementar registros periódicos para contar con bases de datos sistemáticas para monitorear a la población escolar en cuestión.

Es importante también orientar esfuerzos para prevenir los factores de riesgo suicida (depresión, impulsividad, ideación, LAD-intento suicida, etcétera), reconociendo que no es sólo la participación de uno de ellos, sino su interacción lo que los configura en factores de riesgo (Coie *et al.*, 1993) para proponer estrategias de prevención secundaria, y a su vez, identificar factores protectores con el fin de contribuir a la elaboración de programas de promoción para la educación mental, ya que es reconocido que identificar factores protectores potencia el esfuerzo preventivo, dado que éstos, al interactuar con los factores de riesgo, pueden minimizar el riesgo suicida, o prevenir la incidencia de otros factores de riesgo asociados con la conducta suicida: resiliencia (Coie *et al.*, 1993).

Cuadro 1. Artículos de investigación de la DIEP 1982-2006*

Año de publicación	Autores	Título
1982	Terroba, G.	Características psicosociales asociadas al suicidio e intento de suicidio
1982	Heman, A.	Consideraciones metodológicas de la investigación sobre intento suicida
1983	Terroba, G., Saltijeral, M.T.	La autopsia psicológica como método para el estudio del suicidio
1984	Terroba, G.	Evaluación del riesgo en parasuicidio y suicidio consumado
1984	Heman, A.	Deseo de morir y realidad del acto en sujetos con intento suicida
1985	Martínez, P., Saltijeral, M.T., Terroba, G.	Revisión del tema: "Intento de suicidio en niños: un fenómeno psicosocial"
1986	Terroba, G., Heman, A., Saltijeral, M.T., Martínez, P.	Factores clínicos y sociales asociados con el parasuicidio y con el suicidio consumado
1986	Terroba, G., Heman, A. Saltijeral, M.T., Martínez, P.	El intento de suicidio en adolescentes mexicanos: algunos factores clínicos y sociodemográficos significativos
1987	Terroba, G., Saltijeral, M.T., Del Corral, R.	El consumo de alcohol y su relación con la conducta suicida
1987	Saltijeral, M.T., Terroba, G.	Epidemiología del suicidio y del parasuicidio en la década de 1971 a 1980 en México

* Se agradece al Consejo Nacional de Ciencia y Tecnología el financiamiento otorgado al proyecto: 44915 "Hacia la prevención del riesgo suicida: uso de servicios, detección y estrategia psicoeducativa en estudiantes de secundaria en el Centro Histórico de la ciudad de México."

Sitio de investigación	Temática	Unidad de análisis	Enfoque del artículo
Ciudad de México	• Suicidio consumado • Intento suicida	Adultos en SEMEFO Adultos en servicios de urgencias	Psicosocial Clínico
Ciudad de México	• Intento suicida	Adultos en servicios de urgencias	Psicosocial Clínico (revisión literatura)
Ciudad de México	• Suicidio consumado	Adultos en SEMEFO	Psicosocial Clínico
Ciudad de México	• Suicidio consumado • Intento suicida	Adultos en SEMEFO Adultos en servicios de urgencias	Psicosocial Clínico
Ciudad de México	• Intento suicida	Adultos en servicios de urgencias	Psicosocial Clínico
República Mexicana	• Intento suicida	Niños	Psicosocial (revisión literatura)
Ciudad de México	• Intento suicida	Adolescentes y adultos jóvenes: en servicios de urgencias	Psicosocial Clínico
Ciudad de México	• Suicidio consumado • Intento suicida	Adultos en SEMEFO Adultos en servicios urgencias	Psicosocial Clínico
Ciudad de México	• Suicidio consumado	Adultos en SEMEFO	Psicosocial Clínico
República Mexicana	• Suicidio consumado • Intento suicida	Población general	Epidemiológico

Año de publicación	Autores	Título
1988	Terroba, G., Saltijeral, M.T., Gómez, M.	El suicidio y el intento de suicidio: una perspectiva general de las investigaciones realizadas durante los últimos años
1988	Saltijeral, M.T., Terroba, G.	Aspectos psicosociales del suicidio en el Distrito Federal
1989	Heman, A.	Características clínicas y evaluación semántica en sujetos parasuicidas y homicidas
1991	Narváez, A., Rosovsky, H., López, J.L.	Evaluación del consumo de alcohol en los intentos de suicidio: un estudio con pacientes atendidos en servicios de urgencias
1993	Borges, G., Rosovsky, H., Gil, A., Pelcastre, B., López, J.L.	Análisis de casos y controles de los intentos de suicidio en una muestra de servicios de urgencia
1994	Borges, G., Rosovsky, H., Caballero, M.A., Gómez, C.	Evolución reciente del suicidio en México: 1970-1991
1994	Medina-Mora, M.E., López, K., Villatoro J., Juárez, F., Carreño, S., Berenzon, S., Rojas, E.	La relación entre la ideación suicida y el abuso de sustancias. Resultados de una encuesta en la población estudiantil
1994	González-Forteza, C., Andrade, P.	Ideación suicida en adolescentes
1994	González-Forteza, C., Andrade, P.	Estresores cotidianos, malestar depresivo e ideación suicida en adolescentes mexicanos
1995	Caraveo, J., Medina-Mora, M.E., Villatoro, J., Rascón, M., Martínez, N.	El consumo de alcohol en adultos como factor de riesgo asociado con trastornos psíquicos en niños
1995	Medina-Mora, M.E., Villatoro, J., López, E., Berenzon, S., Carreño, S., Juárez, F.	Los factores que se relacionan con el inicio, el uso continuado y el abuso de sustancias psicoactivas en adolescentes mexicanos

Sitio de investigación	Temática	Unidad de análisis	Enfoque del artículo
Ciudad de México	• Intento suicida • Ideación suicida	Revisión sobre las poblaciones de estudios anteriores (adultos)	Psicosocial Clínico (revisión literatura)
Ciudad de México	• Suicidio consumado	Adultos en SEMEFO	Psicosocial Clínico
Ciudad de México	• Intento suicida	Adultos en servicios de urgencias	Psicosocial Clínico
Ciudad de México	• Intento suicida	Adultos en servicios de urgencias	Psicosocial
Ciudad de México	• Intento suicida	Adultos en servicios de urgencias	Epidemiológico
República Mexicana	• Suicidio consumado • Intento de suicidio	Registros de defunción y datos poblacionales del INEGI	Epidemiológico (revisión literatura)
Ciudad de México	• Ideación suicida	Estudiantes (secundaria y bachillerato)	Epidemiológico Psicosocial
Ciudad de México	• Ideación suicida	Estudiantes (secundaria)	Psicosocial
Ciudad de México	• Ideación suicida	Estudiantes (secundaria)	Psicosocial
República Mexicana	• Ideación suicida	Adultos de población general	Epidemiológico
Ciudad de México	• Ideación suicida	Estudiantes (secundaria y bachillerato)	Epidemiológico

Año de publicación	Autores	Título
1995	Borges, G., Anthony, C., Garrison, C.	Methodological issues relevant to epidemiologic investigations of suicidal behaviors of adolescents
1995	Caraveo, J., Villatoro, J., Martínez, N.	El consumo de alcohol y los síntomas depresivos en el adulto y su asociación con síntomas específicos en los niños
1995	González-Forteza, C., Jiménez, J.A., Gómez, C.	Indicadores psicosociales asociados con la ideación suicida
1995	González-Forteza, C., Jiménez, J.A.	Alternativas en la prevención del suicidio en adolescentes
1995	González-Forteza, C.	Aspectos psicosociales del suicidio en adolescentes mexicanos
1995	González-Forteza, C., Andrade, P.	La relación de los hijos con sus progenitores y sus recursos de apoyo: correlación con la sintomatología depresiva y la ideación suicidia en los adolescentes mexicanos
1996	Borges, G., Rosovsky, H.	Suicide attempts and alcohol consumption in an emergency room sample
1996	Borges, G., Rosovsky, H., Gómez, C., Gutiérrez, R.	Epidemiología del suicidio en México de 1970 a 1994

Sitio de investigación	Temática	Unidad de análisis	Enfoque del artículo
Estados Unidos	• Problemática suicida	Adolescentes	Epidemiología (revisión literatura)
República Mexicana	• Ideación suicida	Adultos de población general	Epidemiológico Psicosocial
Ciudad de México	• Ideación suicida	Estudiantes (secundaria)	Psicosocial
Ciudad de México	• Problemática suicida	Estudiantes	Psicosocial (revisión literatura)
República Mexicana	• Suicidio consumado • Intento de suicidio	Registros de la DGE (1970-1990), registros INEGI (1970-1990), investigaciones realizadas en México (1978-1991)	Epidemiológico Psicosocial (revisión literatura)
Ciudad de México	• Ideación suicida	Estudiantes (secundaria)	Psicosocial
Ciudad de México	• Intento de suicidio	Adultos en servicios de urgencias	Epidemiológico
República Mexicana	• Suicidio consumado	Datos censales INEGI (1970, 1980, 1990) Estimaciones del CEPS-SSA (1981-1989 y 1991-1994) Registros de defunción y datos poblacionales INEGI (1970-1979) Registros de la DGEI-SSA (1980-1994)	Epidemiológico (revisión literatura)

Año de publicación	Autores	Título
1996	Gómez, C., Borges, G.	Los estudios que se han hecho en México sobre la conducta suicida: 1966-1994
1996	González-Forteza, C., Borges, G.,Gómez, C., Jiménez, J.A.	Los problemas psicosociales y el suicidio en jóvenes. Estado actual y perspectivas
1997	González-Forteza, C., Jiménez, J.A.	Factores socioculturales y suicidio
1997	González-Forteza, C., Andrade, P., Jiménez, J.A.	Estresores cotidianos familiares, sintomatología depresiva e ideación suicida en adolescentes mexicanos
1998	Berenzon, S., Medina-Mora, M.E., López, E., González, J.	Prevalencia de trastornos mentales y variables asociadas en cuatro comunidades del sur de la ciudad de México
1998	Villatoro, J., Medina-Mora, M.E., Juárez, F., Rojas, E., Carreño, S., Berenzon, S.	Drug use pathways among high school students of Mexico
1998	González-Forteza, C., García, G., Medina-Mora, M.E., Sánchez, M.A.	Indicadores psicosociales predictores de ideación suicida en dos generaciones de estudiantes universitarios
1998	González-Forteza, C., Villatoro, J., Pick, S., Collado, M.	El estrés psicosocial y su relación con las respuestas de enfrentamiento y el malestar emocional en una muestra representativa de adolescentes al sur de la ciudad de México: análisis según nivel socioeconómico
1998	González-Forteza, C., Berenzon, S., Tello, A., Facio, D., Medina-Mora, M.E.	Ideación suicida y características asociadas en mujeres adolescentes

Sitio de investigación	Temática	Unidad de análisis	Enfoque del artículo
República Mexicana	• Problemática suicida	Investigaciones realizadas en México entre 1966 y 1994: adolescentes y adultos	Epidemiológico Psicosocial (revisión literatura)
República Mexicana	• Suicidio consumado • Intento de suicidio	Registros de mortalidad por suicidio Investigaciones sobre suicidio realizadas en México	Epidemiológico Psicosocial (revisión literatura)
Ciudad de México	• Suicidio consumado	Adolescentes	Epidemiológico Psicosocial (revisión literatura)
Ciudad de México	• Ideación suicida	Estudiantes (secundaria)	Psicosocial
Ciudad de México	• Intento de suicidio • Ideación suicida	Población general	Epidemiológico Psicosocial
República Mexicana	• Ideación suicida	Estudiantes (secundaria y bachillerato)	Epidemiológico Psicosocial
Ciudad de México	• Ideación suicida	Estudiantes universitarios	Psicosocial
Ciudad de México	• Ideación suicida	Adolescentes	Epidemiológico Psicosocial
Ciudad de México	• Intento de suicidio • Ideación suicida	Mujeres estudiantes (secundaria y bachillerato) Mujeres internadas por intento de suicidio en el Hospital Psiquiátrico Infantil Dr. Juan N. Navarro	Psicosocial

Año de publicación	Autores	Título
1998	González-Forteza, C., Mariño, M.C., Rojas, E., Mondragón, L., Medina-Mora, M.E.	Intento de suicidio en estudiantes de la ciudad de Pachuca, Hgo., y su relación con el malestar depresivo y el uso de sustancias
1998	Mondragón, L., Saltijeral, M.T., Bimbela, A., Borges, G.	La ideación suicida y su relación con la desesperanza, el abuso de drogas y alcohol
1999	Kessler, R., Borges, G., Walters, E.	Prevalence of and risk factors for lifetime suicide attempts in the National Comorbidity Survey
1999	González-Forteza, C., Berenzon, S., Jiménez, J.A.	Al borde de la muerte: problemática suicida en adolescentes
2000	Berenzon, S., González-Forteza, C., Medina-Mora, M.E.	Asociación entre trastornos depresivos y fóbicos con ideación e intento suicida en mujeres de comunidades urbanas pobres
2000	Borges, G., Saltijeral, M.T., Bimbela, A., Mondragón, L.	Suicide attempts in a sample of patients from a general hospital
2000	Borges, G., Walters, E., Kessler, R.	Associations of substance use, abuse, and dependence with subsequent suicidal behavior
2000	González, S., Díaz, A., Ortiz, S., González-Forteza, C., González, J.	Características psicométricas de la Escala de Ideación Suicida de Beck (ISB) en estudiantes universitarios de la ciudad de México
2000	González-Forteza, C., Mariño, M.C., Mondragón, L., Medina-Mora, M.E.	Intento suicida y uso del tiempo libre en adolescentes mexicanos
2000	González-Forteza, C., Ramos, L.	Una evaluación de la Escala de Autoestima de Rosenberg en adolescentes estudiantes

Sitio de investigación	Temática	Unidad de análisis	Enfoque del artículo
Pachuca, Hgo.	• Intento de suicidio	Estudiantes (secundaria y bachillerato)	Epidemiológico Psicosocial
Ciudad de México	• Ideación suicida	Adultos pacientes del Hospital Dr. Manuel Gea González	Epidemiológico Psicosocial
Estados Unidos	• Intento de suicidio • Ideación suicida	Población general	Epidemiológico
República Mexicana	• Problemática suicida	Trabajos sobre suicidio realizados en México durante el periodo 1955-1998	Psicosocial (revisión literatura)
Ciudad de México	• Intento de suicidio • Ideación suicida	Mujeres adultas de comunidades pobres	Epidemiológico Clínico
Ciudad de México	• Intento de suicidio	Adultos pacientes de tres servicios del Hospital Dr. Manuel Gea González	Epidemiológico Psicosocial
Estados Unidos	• Intento de suicidio • Ideación suicida	Población general	Epidemiológico
Ciudad de México	• Ideación suicida	Estudiantes universitarios	Clínico
Pachuca, Hgo.	• Intento de suicidio	Estudiantes (secundaria y bachillerato)	Psicosocial
Ciudad de México	• Ideación suicida	Estudiantes (secundaria)	Psicosocial

Año de publicación	Autores	Título
2000	Jiménez, J.A., Mondragón, L., González-Forteza, C.	Autoestima y sintomatología depresiva en la ideación suicida
2001	González-Forteza, C., Ramos, L., Vignau, L., Ramírez, C.	El abuso sexual y el intento suicida asociados con el malestar depresivo y la ideación suicida de los adolescentes
2001	Medina-Mora, M.E., Natera, G., Borges, G., Cravioto, P., Fleiz, C., Tapia, R.	Del siglo xx al tercer milenio. Las adicciones y la salud pública: drogas, alcohol y sociedad
2001	Mondragón, L., Borges, G., Gutiérrez, R.	La medición de la conducta suicida en México: estimaciones y procedimientos
2002	González-Forteza, C., Villatoro, J., Alcántara, I., Medina-Mora, M.E., Fleiz, C., Bermúdez, P., Amador, N.	Prevalencia de intento suicida en estudiantes adolescentes de la ciudad de México: 1997-2000
2002	González-Forteza, C., Ramos, L., Mariño, C., Pérez, E.	Vidas en riesgo: conducta suicida en adolescentes mexicanos
2002	Caballero, M.A., Ramos, L., González-Forteza, C., Saltijeral, M.T.	Violencia familiar en adolescentes y su relación con el intento de suicidio y la sintomatología depresiva
2003	González-Forteza, C., Ramos, L., Caballero, M.A., Wagner, F.	Correlatos psicosociales de depresión, ideación e intento suicida en adolescentes mexicanos
2003	Borges, G., Mondragón, L.	Epidemiología de la conducta suicida en la ciudad de México
2003	Villatoro, J., Alcántara, I., Medina-Mora, M.E., Fleiz, C., González-Forteza, C., Amador, N., Bermúdez, P.	El intento suicida y el consumo de drogas en adolescentes. ¿Dos problemas entrelazados?

Sitio de investigación	Temática	Unidad de análisis	Enfoque del artículo
Ciudad de México	• Ideación suicida	Estudiantes (secundaria y bachillerato)	Psicosocial
Ciudad de México	• Ideación suicida	Estudiantes (secundaria)	Psicosocial
República Mexicana	• Intento de suicidio • Ideación suicida	Trabajos realizados en México sobre consumo de sustancias y problemas asociados	Psicosocial (revisión literatura)
República Mexicana	• Intento de suicidio • Ideación suicida	Trabajos de investigación realizados en México sobre ideación e intento suicida	Revisión literatura
Ciudad de México	• Intento de suicidio	Estudiantes (secundaria y bachillerato)	Epidemiológico
República Mexicana	• Intento de suicidio • Ideación suicida	Estudiantes (secundaria, bachillerato, universitarios)	Epidemiológico Psicosocial (revisión literatura)
Ciudad de México	• Intento de suicidio	Estudiantes (secundaria)	Psicosocial
Ciudad de México	• Intento de suicidio • Ideación suicida	Estudiantes (secundaria)	Psicosocial
Ciudad de México	• Intento de suicidio • Ideación suicida	Trabajos de investigación realizados sobre ideación e intento suicida	Epidemiológico Psicosocial (revisión literatura)
Ciudad de México	• Intento de suicidio • Ideación suicida	Estudiantes de nivel medio y medio superior	Epidemiológico Psicosocial

Año de publicación	Autores	Título
2004	Natera, G., Juárez, F., Tiburcio, M.	Validez factorial de una escala de violencia hacia la pareja en una muestra nacional mexicana
2004	Rascón, M.L., Gutiérrez, M.L., Valencia, M., Díaz, R., Leaños, C., Rodríguez, S.	Percepción de los familiares del intento e ideación suicidas de pacientes con esquizofrenia
2005	González-Forteza, C., Álvarez, M., Saldaña, A., Carreño, S., Chávez, A., Pérez, R.	Prevalence of deliberate self-harm in teenage students in the state of Guanajuato, Mexico: 2003
2006	Unikel, C., Gómez, G., González-Forteza, C.	Suicidal behavior, risk eating behaviours and psychosocial correlates in Mexican female students

Sitio de investigación	Temática	Unidad de análisis	Enfoque del artículo
Ciudad de México, Guadalajara y Monterrey	• Ideación suicida	Mujeres urbanas	Psicosocial Psicométrico
Ciudad de México	• Intento de suicidio • Ideación suicida	Familiares de pacientes esquizofrénicos	Psicosocial
Guanajuato	• Intento de suicidio (lesiones autoinfligidas)	Estudiantes de bachillerato	Epidemiológico
Ciudad de México	• Ideación suicida	Mujeres estudiantes de bachillerato y licenciatura	Psicosocial Epidemiológico

Bibliografía

Berenzon, S., González-Forteza, C., y Medina-Mora, M.E. (2000). Asociación entre trastornos depresivos y fóbicos con ideación e intento suicida en mujeres de comunidades urbanas pobres. *Revista Mexicana de Psicología*, *17* (1), 55-63.

——, Medina-Mora, M.E., López, E.K., y González, J. (1998). Prevalencia de trastornos mentales y variables asociadas en cuatro comunidades del sur de la ciudad de México. *Revista Mexicana de Psicología*, *15* (2), 177-185.

Borges, G., Anthony, J.C., y Garrison, C.Z. (1995). Methodological issues relevant to epidemiological investigations of suicidal behaviors of adolescents. *Epidemiological Reviews*, *17* (1), 228-239.

—— y Mondragón, L. (2003). Epidemiología de la conducta suicida en la ciudad de México. *A pie. Crónicas de la ciudad de México*, *1* (3), 19-24.

—— y Rosobsky, H. (1996). Suicide attempts and alcohol consumption in an emergency room sample. *Journal of Studies on Alcohol*, *57* (5), 543-548.

——, Rosobsky, H., Caballero, M.A., y Gómez, C. (1994). Evolución reciente del suicidio en México: 1970-1991. *Anales de la IX Reunión de Investigación del Instituto Mexicano de Psiquiatría*, 15-21.

——, Rosobsky, H., Gil, A., Pelcastre, B., y López, J.L. (1993). Análisis de casos y controles de los intentos de suicidio en una muestra de servicios de urgencia. *Anales de la VIII Reunión de Investigación del Instituto Mexicano de Psiquiatría*, 198-203.

——, Rosobsky, H., Gómez, C., y Gutierrez, A. (1996). Epidemiología del suicidio en México de 1970 a 1994. *Salud Pública de México*, *38* (3), 197-206.

——, Saltijeral, M.T., Bimbela, A., y Mondragón, L. (2000). Suicide attempts in a sample of patients from a general hospital. *Archives of Medical Research*, *31*, 366-372.

——, Walters, E.E. y Kessler, R. C. (2000). Associations of substance use, abuse, and dependence with subsequent suicidal behavior. *American Journal of Epidemiology*, *15* (8), 781-789.

Caballero, M.A., Ramos, L., González-Forteza, C., y Saltijeral, M. T. (2002). Violencia familiar en adolescentes y su relación con el intento de suicidio y la sintomatología depresiva. *Psiquiatría*, *18* (3), 131-139.

Caraveo, J., Medina-Mora, M.M., Villatoro, J., Rascón, M.L., y Martínez, N.A. (1995). El consumo de alcohol en adultos como factor de riesgo asociado con trastornos psíquicos en los niños. *Salud Mental*, *18* (2), 18-24.

——, Villatoro, J., Martínez, N.A. (1995). El consumo de alcohol y los síntomas depresivos en el adulto y su asociación con síntomas específicos en los niños. *Anales de la X Reunión de Investigación del Instituto Mexicano de Psiquiatría*, 109-114.

Coie, J.D., Watt, N.F., West, S.G., Hawkins, D., Asarnow, J.R., Markman, H.J., Ramey, S.L., Shure, M.B., y Long, B. (1993). The science of prevention. A conceptual framework and some directions for a National Research Program. *American Psychologist, 48* (10), 1013-1022.

Diekstra, R. (1993). The epidemiology of suicide and parasuicide. *Acta Psychiatric Scand, 371 (supl)*, 9-20.

Durkheim, E. (1974). *El suicidio*. México: UNAM.

García, S., Domínguez, M., Jiménez, J.A., Gutiérrez, R., y Solis, J. (2002). Creación de una base automatizada de información bibliográfica sobre salud mental. *Revista Mexicana de Psicología, 19* (2), 135-142.

Gómez, C., y Borges, G. (1996). Los estudios que se han hecho en México sobre la conducta suicida: 1966-1994. *Salud Mental, 19* (1), 45-55.

González-Forteza, C. (1995). Aspectos psicosociales del suicidio en adolescentes mexicanos. *Psicopatología, 15* (4), 157-161.

—— (1996a). *Factores protectores y de riesgo de depresión e intentos de suicidio en adolescentes.* Tesis para obtener el grado de doctorado en psicología, Facultad de Psicología, UNAM, México.

—— (1996b). *Manual de instrumentos: cédula de indicadores parasuicidas.* México: Dirección de Investigaciones Epidemiológicas y Psicosociales del Instituto Nacional de Psiquiatría Ramón de la Fuente Muñiz.

——, Álvarez, M., Saldaña, A., Carreño, S., Chávez, A., y Pérez, R. (2005). Prevalence of deliberate self-harm in teenage students in the state of Guanajuato, Mexico: 2003. *Social Behavior and Personality, 33* (8), 777-791.

—— y Andrade, P. (1994). Estresores cotidianos, malestar depresivo e ideación suicida en adolescentes mexicanos. *Acta Psiquiátrica y Psicológica de América Latina, 40* (2), 156-163.

—— y Andrade, P. (1994). Ideación suicida en adolescentes. *La Psicología Social en México*, vol. v, 298-304.

—— y Andrade, P. (1995). La relación de los hijos con sus progenitores y sus recursos de apoyo: correlación con la sintomatología depresiva y la ideación suicida en los adolescentes mexicanos. *Salud Mental, 18* (4), 41-48.

——, Andrade, P., y Jiménez, J.A. (1997). Estresores cotidianos familiares, sintomatología depresiva e ideación suicida en adolescentes mexicanos. *Acta Psiquiátrica y Psicológica de América Latina, 43* (4), 319-326.

——, Berenzon, S., y Jiménez, J.A. (1999). Al borde de la muerte: problemática suicida en adolescentes. *Salud Mental, 22* (especial), 145-153.

——, Berenzon, S., Tello, A.M., Facio, D., y Medina-Mora, M.E.(1998). Ideación suicida y características asociadas en mujeres adolescentes. *Salud Pública de México, 40* (5), 430-437.

——, Borges, G., Gómez, C., y Jiménez, J.A. (1996). Los problemas psicosociales y el suicidio en jóvenes. Estado actual y perspectivas. *Salud Mental, 19* (supl. abril), 33-38.

——, García, G., Medina-Mora, M.E., y Sánchez, M.A. (1998). Indicadores psicosociales predoctores de ideación suicida en dos generaciones de estudiantes universitarios. *Salud Mental, 21* (3), 1-9.

—— y Jiménez, J.A. (1995). Alternativas en la prevención del suicidio en adolescentes. *Psicología y Salud, 5,* 105-110.

—— y Jiménez, J.A. (1997). Factores socioculturales y suicidio. *Psicopatología, 17* (4), 151-157.

—— y Jiménez, J.A., y Gómez, C. (1995). Indicadores psicosociales asociados con la ideación suicida en los adolescentes. *Anales de la X Reunión de Investigación del Instituto Mexicano de Psiquiatría,* 135-139.

——, Mariño, M.C., Mondragón, L., y Medina-Mora, M.E. (2000). Intento suicida y uso del tiempo libre en adolescentes mexicanos. *Psicología Conductual, 8* (1), 147-152.

——, Mariño, M.C., Mondragón, L., Rojas, E. y Medina-Mora, M.E. (1998). Intento de suicidio en estudiantes de la ciudad de Pachuca, Hidalgo y su relación con el malestar depresivo y el uso de sustancias. *Revista Mexicana de Psicología, 15* (2), 165-175.

—— y Ramos, L. (2000). Una evaluación de la Escala de Autoestima de Rosenberg en adolescentes estudiantes. *La Psicología Social en México,* vol. VIII, 290-296.

——, Ramos, L., Caballero, M.A., y Wagner, F. (2003). Correlatos psicosociales de depresión, ideación e intento suicida en adolescentes mexicanos. *Psicothema, 15* (4). (En prensa).

——, Ramos, L., Mariño, M.C., y Pérez, E. (2002). Vidas en riesgo: conducta suicida en adolescentes mexicanos. *Acta Psiquiátrica y Psicológica de América Latina, 48* (1-4), 74-84.

——, Ramos, L., Vignau, L.E., y Ramírez, C. (2001). El abuso sexual y el intento suicida asociados con el malestar depresivo y la ideación suicida de los adolescentes. *Salud Mental, 24* (6), 16-25.

——, Villatoro, J., Alcántara, I., Medina-Mora, M.E., Fleiz, C., Bermúdez, P., y Amador, N. (2002). Prevalencia de intento suicida en estudiantes adolescentes de la ciudad de México: 1997-2000. *Salud Mental, 25* (6), 1-12.

——, Villatoro, J., Pick, S., y Collado, M.E. (1998). El estrés psicosocial y su relación con las respuestas de enfrentamiento y el malestar emocional en una muestra representativa de adolescentes al sur de la ciudad de México: análisis según nivel socioeconómico. *Salud Mental, 21*(2), 37-45.

González, S., Díaz, A., Ortiz, S., González-Forteza, C., y González, J.J. (2000). Características psicométricas de la Escala de Ideación Suicida de Beck (ISB) en estudiantes universitarios de la Ciudad de México. *Salud Mental, 23* (2), 21-30.

Heacock, D. (1990). Suicidal behavior in black and hispanic youth. *Psychiatric Annals*, 20 (3), 134-142.

Herman, A. (1989). Características clínicas y evaluación semántica en sujetos parasuicidas y homicidas. *Psiquiatría, 5* (2), 65-79.

—— (1982). Consideraciones metodológicas de la investigación sobre intento de suicidio. *Enseñanza e Investigación en Psicología, 8,* 95-106.

—— (1984). Deseo de morir y realidad del acto en sujetos con intento de suicidio. *Salud Pública de México, 26* (1), 39-49.

Jessor, R., Donovan, J., y Costa, F. (1991). *Beyond adolescence: Problem behavior and young adult development.* Nueva York: Cambridge University Press.

Jiménez, J.A., Mondragón, L. y González-Forteza, C. (2000). Autoestima y sintomatología depresiva en la ideación suicida. *La Psicología Social en México,* vol. VIII., 185-191, 2000.

Kessler, R.C., Borges, G., y Walters, E.E. (1999). Prevalence of risk factors for lifetime suicide prevalence attempts in the Nacional Comorbility Survey. *Archives of General Psychiatry, 56* (7), 617-626.

López, E.K., Medina-Mora, M.E., Villatoro, J., Juárez, F., Carreño, S., Berenzon, S., y Rojas, E. (1995). La relación entre la ideación suicida y el abuso de sustancias tóxicas. Resultados de una encuesta en la población estudiantil. *Salud Mental, 18* (4), 25-32.

Martínez, P., Saltijeral, M.T., y Terroba, G. (1985). Revisión del tema: Intento de suicidio en los niños: un fenómeno psicosocial. *Salud Mental, 8* (2), 23-26.

Medina-Mora, M.E., López, E.K., Villatoro, J., Juárez, F., Carreño, S., Berenzon, S., y Rojas, E. (1994). La relación entre la ideación suicida y el abuso de sustancias. Resultados de una encuesta en la población estudiantil. *Anales de la IX Reunión de Investigación del Instituto Mexicano de Psiquiatría,* 7-14.

——, Natera, G., Borges, G., Cravioto, P., Fleiz, C., y Tapia, R. (2001). Del siglo XX al tercer milenio. Las adicciones y la salud pública: Drogas, alcohol y sociedad. *Salud Mental, 24* (4), 3-19.

——, Villatoro, J., López, E., Berenzon, S., Carreño, S., y Juárez, F. (1995). Los factores que se relacionan con el inicio, el uso continuado y el abuso de sustancias psicoactivas en adolescentes mexicanos. *Gaceta Médica de México, 131* (4), 383-393.

Mondragón, L., Saltijeral, M.T., Bimbela, A., y Borges, G. (1998). La ideación suicida y su relación con la desesperanza, el abuso de drogas y alcohol. *Salud Mental, 21* (5), 20-27.

——, Borges, G., y Gutiérrez. R.A. (2001). La medición de la conducta suicida en México: Estimaciones y procedimientos. *Salud Mental, 24* (6), 4-15.

Narváez, A., Rosovsky, H., y López, J.L. (1991). Evaluación del consumo de alcohol en los intentos de suicidio: Un estudio con pacientes atendidos en servicios de urgencias. *Salud Mental, 14* (3), 6-12.

Natera, G., Juárez, F., y Tiburcio, M. (2004). Validez factorial de una escala de violencia hacia la pareja en una muestra nacional mexicana. *Salud Mental, 27* (2), 31-38.

Rascón, M.L., Gutiérrez, M.L., Valencia, M., Díaz, R., Leaños, C., y Rodríguez, S. (1992). Percepción de los familiares del intento e ideación suicidas de pacientes con esquizofrenia. *Salud Mental, 27* (5), 44-52.

Rich, A.R., Kirkpatrick-Smith, J., Bonner, R.L., y Jans, F. (1992). Gender differences in the psychosocial correlates of suicidal ideation among adolescents. *Suicide and Life-Threatening Behavior, 22* (3), 364-373.

Saltijeral, M.T., y Terroba, G. (1988). Aspectos psicosociales del suicidio en el Distrito Federal. *La Psicología Social en México*, (II), 297-303.

——, Terroba, G. (1987). Epidemiología del suicidio y del parasuicidio en la década de 1971 a 1980 en México. *Salud Pública de México, 29* (4), 345-360.

Terroba, G. (1982). Características psicosociales asociadas al suicidio e intento de suicidio. *I Reunión del Instituto Mexicano de Psiquiatría*, 161-167.

—— (1984). Evaluación del riesgo en parasuicidio y suicidio consumado. *II Reunión del Instituto Mexicano de Psiquiatría*, 153-164.

——, Saltijeral, M.T. (1983). La autopsia psicológica como método para el estudio del suicidio. *Salud Pública de México, 25* (3), 285-293.

——, Saltijeral, M.T., y Del Corral, R. (1986). El consumo de alcohol y su relación con la conducta suicida. *Salud Pública de México, 28* (5), 489-493.

——, Saltijeral, M.T., y Gómez, M. (1988). El suicidio y el intento de suicidio:

una perspectiva general de las investigaciones realizadas durante los últimos años. *IV Reunión de Investigación del Instituto Mexicano de Psiquiatría,* 503-518.

——, Heman, A., Saltijeral, M.T., y Martínez, P. (1986). El intento de suicidio en adolescentes mexicanos: Algunos factores clínicos y sociodemográficos significativos. *Salud Pública de México, 28* (1), 48-55.

——, Heman, A., Saltijeral, M.T., y Martínez, P. (1986). Factores clínicos y sociales asociados con el parasuicidio y con el suicidio consumado. *Salud Mental, 9* (1), 74-80.

Villatoro, J., Alcántara, I., Medina-Mora, M.E., Fleiz, C., González-Forteza, C., Amador, N., y Bermúdez, P. (1988). El intento suicida y el consumo de drogas en adolescentes. ¿Dos problemas entrelazados? *Servicios de Salud Mental, 2* (1), 5-12.

——, Medina-Mora, M.E., Juárez, F., Rojas, E., Carreño, S., y Berenzon, S. (1998). Drug abuse pathways among high school students of Mexico. *Addiction, 93* (10), 1577-1588.

Unikel Santoncini, C., Gómez Peresmitré, G. y González-Forteza C. (2006). Suicidal Behaviour and Psychosocial Correlates in Mexican women with eating disorders. *European Eating Disorders Review.* (En prensa).

Capítulo 4

La investigación del proceso suicida

José Carlos Rosales Pérez

El suicidio es la tercera causa de muerte entre personas de 15 a 34 años de edad (OPS, 2005), estimando que en términos generales un millón de personas mueren por suicidio cada año en todo el mundo. Además, si se considera que cada suicidio impacta significativamente a 6 o 7 sobrevivientes, se tiene que alrededor de seis millones de personas son afectadas anualmente por causa del suicidio (Baldessarini y Toldo, 2003). La forma en que se distribuye porcentualmente el suicidio en todo el mundo, de acuerdo con la Organización Panamericana de la Salud (OPS), se identifica con cuatro zonas. La primera zona abarca los países donde se registra una tasa de suicidio mayor a 13%, y está integrada por China, Rusia, Australia y Cuba, entre otros países; la segunda zona aglutina los países donde se registra una tasa mayor a 6.5% y menor a 13%, e incluye países como Estados Unidos, Canadá, India, Guayana y Surinam; la tercera zona agrupa los países donde se registra una tasa de suicidio menor a 6.5%, y en ella se encuentran Irán, Siria, Egipto, Portugal, Brasil, Argentina y México, entre otros; en la cuarta zona se hallan los países que no cuentan con información estadística, y está integrada por casi todo el continente africano y el sudeste asiático.[1] De tal forma que, aunque México se encuentra en la zona de países con baja tasa de suicidio, es importante notar que de 1970 a 1998 se registra un incremento de 21.5% en el número de suicidios (Mondragón, Borges y Gutiérrez, 2001), llegando a una tasa de casi tres suicidios por cada 100,000 habitantes, tasa que se incrementa a 3.1 para el año de 1999 y a 3.4 para 2005, año en que se registra un total de 3,453 suicidios (Chávez, 2006). De tal manera que el suicidio se ha convertido en un importante problema de salud que demanda ser investigado para generar propuestas viables de prevención, detección y atención. En este apartado se plantea la importancia del estudio del proceso suicida, espe-

---

[1] Datos de la Organización Panamericana de la Salud, para el año 2002.

cialmente desde el elemento observable que es posible registrar en primera instancia: la ideación suicida. Para ello, en primer lugar se define lo que es el comportamiento suicida, para dar lugar a la descripción de lo que se entiende por proceso suicida y finalmente plantear la importancia de la ideación suicida como elemento para identificar el primer aspecto observable del proceso suicida.

Comportamiento suicida

Referirse al comportamiento suicida significa hablar de un conjunto de comportamientos cuya relación se da por la intencionalidad ya sea de comunicar, actuar o llevar a cabo un acto autodestructivo para acabar con la propia vida. De acuerdo con Van Heeringen (2001), este conjunto de comportamientos se puede agrupar en el término de suicidabilidad que incorpora el componente cognitivo y el conductual del comportamiento suicida. El componente cognitivo está identificado con la ocurrencia de cualquier pensamiento relacionado con conducta autodestructiva: pensamientos que comprenden pensamientos de muerte, ideas vagas acerca de la posibilidad de terminar con la propia vida, hasta ideas referidas a planes concretos que incluyen lugar, método y tiempo para llevar a cabo el intento. El componente conductual, por su parte, identifica los comportamientos de intencionalidad autodestructiva, entre los cuales se tiene principalmente: el gesto suicida (conductas que simulan el acto suicida tal como ponerse la pistola en la cabeza, el cuchillo en las muñecas), el intento suicida (conducta autodestructiva que no culmina con la muerte), y el suicidio consumado, siendo el más controvertido el intento suicida. Ya que el término de intento suicida abarca un grupo de comportamientos entre los cuales se encuentran principalmente las heridas infligidas en los brazos y el consumo de veneno o sustancias tóxicas, donde el común denominador es la no ocurrencia de un resultado fatal. De ahí que se tienda a reconocer generalmente que un intento suicida ocurre en condiciones de turbulencia emocional, con la intención de causarse daño para influir en cambios de la condición actual, pero sin llegar a un daño fatal; y que aun cuando los intentos puedan concluir en un resultado fatal, ello no es la regla sino la excepción producida generalmente por un fallo de cálculo o por azar. Se ha encontrado que en la mayoría de los casos de intento suicida se implica de alguna forma la movilización de ayuda o alguna forma de escape al estrés acumulado. Así, en los intentos suicidas, los resultados de daño físico pueden variar, pero ello generalmente en función del nivel de preparación del acto, del conocimiento de la letalidad del método empleado y de factores azarosos. Por lo que en el caso del intento suicida, el daño físico infligido no es un indicador preciso de la intencionalidad suicida, ya que es probable registrar un intento con daño ligero, pero producto del desconocimiento del método o de la casualidad, donde subyazca una verdadera intencionalidad por quitarse la vida y, de no superar la condición, por lograrlo en una segunda oportunidad. O en su defecto, registrarse un intento con daño severo, pero producto nuevamente del desconocimiento del método y en donde subyazca la intención de pedir ayuda y no de quitarse la vida. Es por ello que se han buscado otros términos para identificar el intento suicida, como el de parasuicidio, indicando que es un acto parecido al suicidio, pero diferente, o más propiamente un acto parecido al suicidio, pero en donde la intención fatal está ausente (Hawton y Catalan, 1987). De ahí que la Organización para la Salud Mundial Europea, en el área del estudio del parasuicidio (WHO/EU) (Kerkhof y Arensman, 2001), defina el parasuicidio como:

> ...un acto con resultado no fatal, en el cual un individuo deliberadamente inicia una conducta no habitual que, sin la intervención de otros, causa autolesión, o la deliberada ingesta en exceso de una sustancia prescrita o generalmente reconocida como dosis terapéutica, y el cual es dirigido para producir o realizar cambios, los cuales el sujeto desea, vía las consecuencias físicas esperadas o actuales (p. 21).

De manera tal que el intento de suicidio puede ser considerado en algunos casos como un suicidio fracasado, pero de acuerdo con los resultados clínicos y de investigación, una porción importante de estos casos deberían ser considerados como una entidad distinta. El problema es poder distinguir precisamente entre un suicidio frustrado y un parasuicidio, y reconocer con exactitud si una persona con intento previo llevará a cabo posteriormente un suicidio consumado, cuando se sabe que uno de los principales predictores del suicidio consumado es precisamente la historia previa de suicidio.

Otro concepto importante relacionado con el comportamiento suicida es el de suicidabilidad, que se orienta hacia la noción de riesgo, ya que el riesgo variaría dependiendo del número y combinación de componentes que se presenten en cada caso. Considerando exclusivamente la gama de conductas implicadas en el comportamiento suicida, se observa una progresión de riesgo a medida que se combinan unas con otras. Tal incremento de riesgo se expresa a través de lo que se ha denominado como pirámide del suicidio (Van Heeringen, 2001), donde además se modela la proporcionalidad que se da entre cada uno de los componentes de la suicidabilidad y el trayecto que se sigue desde el primer componente hasta el último. De acuerdo con este concepto (vea figura 1), las personas que presentan ideación suicida recurrente son las de mayor frecuencia en la población en general, siguiéndoles aquellas personas que, además de ideación suicida, identifican planes para llevar a cabo el suicidio, las cuales aparecen con menor frecuencia que las anteriores. A éstas le siguen aquellas personas que, además de todo lo anterior, llevan a cabo algún intento suicida; finalmente, en el tope de la pirámide, están aquellas personas que consuman el acto suicida.

Figura 1. Pirámide del suicidio

El concepto de pirámide del suicidio muestra que en el trayecto del pensamiento suicida al suicidio consumado una proporción importante de personas desiste o cambia su intención, sin llegar a los siguientes niveles.

De lo que surgen las siguientes preguntas: ¿Qué es lo que lleva a escalar la pirámide del suicidio desde la ideación hasta llegar al suicidio consumado?, ¿qué sucede con aquellos que, manifestando ideación suicida recurrente, no llegan a la planeación y al intento suicida?, ¿qué ocurre con las personas que llevan a cabo uno o varios intentos pero no consuman el suicidio?, ¿qué pasa con aquellos que llevan a cabo un intento o intentos previos y finalmente logran consumar el suicidio?, ¿qué ocurre con aquellos que sin manifestar ideación o intento previo, llevan a cabo el acto suicida? Tanto para los clínicos como para los investigadores es crucial encontrar respuesta a estas preguntas para la elaboración de planes adecuados de prevención y tratamiento.

El proceso suicida

El concepto de proceso suicida se refiere al desarrollo y progresión de la suicidabilidad. Debe tenerse en cuenta que tal proceso se da al interior del individuo suicida, y que éste es influenciado por la interacción con el medio (Van Heeringen, 2001). El concepto implica la presencia de vulnerabilidad persistente y subyacente, constituida por características biológicas y psicológicas que potencian el efecto de estresores específicos (medio). Rattersol (1993) enuncia que un aspecto distintivo del proceso es que se identifica tanto por aspectos observables como no observables. Los que son diferenciados por un límite subjetivo que cambia de persona a persona y que identifica, en la parte superior, los aspectos observables y, en la parte inferior, los aspectos no observables. A dicho límite se le identifica con el umbral de manifestación de la suicidabilidad, refiriendo que los componentes no observables son difícilmente identificables, aun para el suicida, ya que si bien algunos son conscientes, otros son de orden inconsciente, tales como pensamientos, impulsos y planes. Se considera, de acuerdo con este concepto, que a medida que avanza el proceso suicida, los componentes no observables dan lugar a los componentes observables, tal como la comunicación, el intento y el acto suicida mismo. De tal forma que una persona suicida que comunica ideación, para después llevar a cabo el intento suicida, ha trascendido el umbral de manifestación de la suicidabilidad, lo que permite identificar el avance del proceso suicida. De tal manera que este concepto ayuda a explicar casos de suicidio que no mostraron evidencia de riesgo (aspectos observables) y en los que aparentemente nada indicaba que fuese a ocurrir tal acto. En términos del concepto de proceso suicida se podría hipotetizar que en esos casos existió un umbral muy alto de manifestación de suicidio, de tal manera que el acto suicida se produce en un punto no esperado, sin aviso previo aparente, pero en donde las condiciones estresantes, en interacción con el desarrollo de las condiciones de vulnerabilidad, dieron lugar al acto. Por otro lado, en aquellos casos donde se registra evidencia observable, tal como la comunicación de la ideación suicida, se implica un umbral menor de manifestación de la suicidabilidad, lo que es benéfico para la prevención, ya que permite dar lugar a la identificación y asistencia para prevenir el acto. Lo cual podría explicar, en parte, el porqué de aquellos que manifiestan ideación suicida pero no llegan a consumar el intento o el suicidio consumado, ya que en algunos casos la mera comunicación podrá dar lugar a recibir atención y apoyo de las redes sociales inmediatas. Por lo que, de acuerdo con este concepto, una mayor magnitud del umbral de manifestación de la suicidabilidad implicará un mayor riesgo, ya que implicará la imposibilidad de reconocer el avance del proceso suicida. Es decir, que a menor posibilidad de expresión del proceso suicida, mayor riesgo de suicidio, dada la imposibilidad de recibir atención y asistencia. Retterstol (1993) indica que el proceso puede comenzar a cualquier edad, pero que generalmente empieza durante la pubertad. De acuerdo con un estudio realizado por Runeson (*et al.,* 1996) a través de la autopsia de 58 suicidas con edades entre 15 y 29 años, se encontró que el proceso suicida tuvo una duración promedio de 37 meses, con un comienzo promedio en la edad de 20 años; además de que la duración del proceso fue más corto en los hombres (31 meses) que en las mujeres (52 meses). Dato que coincide con la evidencia de que los hombres generalmente son más introvertidos que las mujeres y que por tanto comunican menos la ideación suicida que las mujeres.

El concepto de proceso suicida permite, por tanto, identificar tanto la presencia como el avance de la suicidabilidad; el problema, sin embargo, es poder registrar la suicidabilidad antes de que se manifieste naturalmente en forma observable, ya que en algunos casos podrá ser demasiado tarde. Es en este sentido que es importante reconocer otras perspectivas que coadyuven en la descripción de la suicidabilidad. Así, en el año de 1969 Ringel descubrió que el acto suicida puede ser precedido por tres fases, englobadas en lo que denominó síndrome presuicida, en el que la primera fase se identifica por aislamiento, estancamiento, pasividad, ausencia de ideas, falta de independencia, limitación de la acción como consecuencia de visualizar el mundo cada vez más de un solo lado (negativo). La segunda fase se caracteriza por agresión, dirigida principalmente hacia sí mismo. En esta fase es posbile que se presente calma y serenidad, lo que puede ser interpretado como mejoría y superación del problema. La tercera fase se reconoce por evasión de la realidad bajo la forma de fantasías, del soñar despierto, expresada algunas veces con la posibilidad de cometer suicidio. La importancia de este planteamiento es que identifica comportamientos asociados a la suicidabilidad tales como el retraimiento social, la limitación de la acción, la agresión y la fantasía, los cuales, en términos generales, hablan de un cambio de comportamiento significativo en áreas específicas. Este cambio de comportamiento ha sido señalado por Pérez (1999) como un signo de alarma que debe ser considerado seriamente para asistir a la persona que se sospeche con riesgo suicida.

En el mismo sentido de mejorar la identificación de la suicidabilidad se ha hipotetizado que el suicida es una persona con algún tipo de desorden psiquiátrico, basado en que en autopsias psicológicas de personas identificadas como suicidas alrededor de 90% fue diagnosticada con alguna forma de psicopatología (Conwell y Henderson, 1996), además de que se ha registrado que las muertes de personas con desórdenes psiquiátricos mayores correspondientes a suicidio son del orden de 9 al 15% (Bostwick y Pankratz, 2000). Asimismo, el riesgo de suicidio es mayor en los desórdenes bipolares y depresivos mayores (Bostwick y Pankratz, 2000). Dado lo cual se han planteado estudios orientados a confirmar o desalentar tal hipótesis. Entre ellos se encuentra el de Ahrens y Linden (1996), quienes a través del estudio de 4 303 pacientes psicóticos y depresivos describieron lo que denominaron síndrome de suicidabilidad. De acuerdo con sus resultados el síndrome consiste en pensamientos rumiativos, aislamiento, desesperanza e intenciones severas de suicidio manifestadas a través de planes e intentos de suicidio, además de la ausencia de síntomas típicos de los desórdenes psiquiátricos implicados en la muestra estudiada. Por lo cual en este estudio se concluye que la suicidabilidad debería ser vista como un fenómeno que ocurre independientemente de desórdenes psiquiátricos específicos.

Otra aportación importante corresponde al modelo de suicidabilidad desarrollado por Mann (*et al.,*1999). Este modelo se conoce como de diátesis-estrés y se refiere a que los fenómenos psicopatológicos relacionados con el estrés están separados de aquellos relacionados con la diátesis o predisposición, de manera que no es la severidad de las características vinculadas a los estados dependientes de los padecimientos psiquiátricos lo que distingue a pacientes con una historia de suicidio de pacientes sin tal historia. En otras palabras, no es la principal explicación de la conducta suicida el tipo o la severidad del padecimiento psiquiátrico, sino la predisposición o vulnerabilidad, en interacción con factores estresantes, lo que da lugar al síndrome suicida, es decir, la interacción entre factores de rasgo y factores de estado. En apoyo a lo anterior existen estudios de personas con intento suicida en las que no se identifica relación entre tentativa de suicidio y alguna patología psiquiátrica (Feijó, 2003). Dado lo cual hay una distinción operacional entre suicidio, consecuencia de un desorden psiquiátrico preexistente, y suicidio como respuesta a un dilema existencial o a una experiencia precipitante en ausencia de una historia de disturbios psiquiátricos (Tondo, 2000).

Identificación del proceso suicida a través de la ideación

Como se podrá notar, de acuerdo con lo que hasta aquí se ha expuesto, la mejor manera de identificar el proceso suicida es por el registro de los aspectos observables de la suicidabilidad, sea la ideación o el intento suicida, y por aspectos relacionados, tales como el cambio significativo de comportamiento. Al ser la ideación el comportamiento de menor riesgo, pero también el primero que nos permite identificar el inicio del avance del proceso suicida y por tanto de la suicidabilidad, resulta de vital importancia tomar las acciones necesarias para reconocer la presencia de ideación suicida en las poblaciones de riesgo. Para lo cual resulta importante revisar la información cinética que indica la importancia de la ideación suicida en el reconocimiento del proceso suicida.

Investigación de la ideación suicida

Se ha encontrado que no es la inteligencia lo que diferencia el pensamiento del suicida del no suicida, puesto que no se ha registrado correlación entre inteligencia y suicidio (Shneidman, 2001). Lo que sí se ha encontrado es que los suicidas comparten algunos de los elementos de una organización particular de pensamiento que, de acuerdo con Neuringer (2001), tiene tres características generales:

- Estructura de pensamiento suicida
- Rigidez y constricción
- Percepción distorsionada del tiempo

La estructura del pensamiento suicida comprende tres aspectos. El primero de ellos corresponde al razonamiento catalógico, lo cual se refiere a un raciocinio basado en falacias lógicas, tales como suponer lo siguiente: "todo el que se mata a sí mismo recibe atención; por lo que si yo me mato recibiré atención". La segunda concierne a una desorganización semántica (Neuringer, 2001) identificada con estrategias cognitivas dirigidas a la evitación del pensamiento asociado al temor de morir. La tercera atañe a un pensamiento dicotómico extremo, que implica la polarización del pensamiento, esto es, percibir toda situación en totalidades, sin dar oportunidad a puntos intermedios.

La rigidez y constricción de pensamiento se relaciona con la dificultad para aceptar cambios y nuevas opciones de conductas. La rigidez de pensamiento se identifica con un sistema cerrado del cual no hay escape (Neuringer, 2001).

La percepción distorsionada del tiempo es la tendencia a "congelar el tiempo", la incapacidad de incorporar el pasado y prever acciones para el futuro. Razón por la cual las personas con tendencia suicida perciben los hechos en el tiempo de manera significativamente distinta a las demás personas, pues para ellas no hay más tiempo que el presente, el cual además no es nada gratificante.

Otro aspecto importante de la ideación suicida es que generalmente no se presenta sola, aun considerando datos como los proporcionados por Peter, Sned y Marsh (2003), quienes indican que hay jóvenes que registran ideación suicida sin mostrar puntajes altos en otras dimensiones de riesgo, y jóvenes que muestran ideación suicida y puntaje alto en otros factores de riesgo, por lo que concluyen que hay suicidas "silenciosos" y suicidas "manifiestos". En este estudio se toman variables de riesgo general, tales como alcoholismo, drogadicción, propensión a accidentes, y no variables directamente asociadas al riesgo suicida. La evidencia de que la ideación suicida se presenta asociada con otros factores es diversa y múltiple. Así se tiene información de que la ideación suicida, especialmente en jóvenes y adolescentes, tiende a presentarse en asociación con problemas en el sistema familiar, tales como baja cohesión y adaptabilidad, inseguridad en el cariño de padres a hijos, violencia de los padres, deficiente comunicación con la madre y el padre, falta de apoyo familiar y estrés vinculado a los problemas en las relaciones familiares (González-Forteza y Andrade, 1995; González-Forteza *et al.*, 1995), presencia de ideación suicida en los padres (Goodwin *et al.*, 2004), bajas calificaciones y la percepción de un desempeño escolar regular o malo (González-Forteza *et al.*, 1998), sintomatología depresiva, baja autoestima y altos niveles de impulsividad (González-Forteza y Andrade, 1994), y, en mujeres, historia de violación y estar sola más de ocho horas al día (Calvo *et. al.*, 2003). Se tiene también información de que la presencia de la ideación suicida en estudiantes universitarios se da en un porcentaje entre 40% y 60% (con al menos un síntoma), y de que la prevalencia de ideación suicida es mayor en adolescentes jóvenes que en adolescentes mayores (Rudd, 1989; Schweitzer *et al.*,1995). En población urbana, entre 10% y 14% de los jóvenes mayores de 18 años presentan ideación suicida, esto es, han tenido pensamientos de que no vale la pena vivir, de dejar de existir o que sería mejor morir. Y en estudiantes de bachillerato del Distrito Federal, con edades entre 15 y 19 años, la presencia de ideación suicida es de 47% (con al menos un síntoma) (Medina-Mora *et al.*, 1994). Comparando poblaciones psiquiátricas con las no psiquiátricas, la ideación suicida se relaciona con episodios depresivos mayores en las poblaciones psiquiátricas (Benazzi, 2005), y con autocrítica orientada hacia el perfeccionismo (Enns *et al.*, 2003), en tanto que, en las poblaciones no psiquiátricas, con la presencia de enfermedades físicas, especialmente asma y cáncer, y con la combinación de padecimientos físicos (Druss y Pinkus, 2000).

Apoyando la hipótesis de que la ideación suicida es una parte importante del proceso suicida, se tienen investigaciones como las de Shafii, Carrigan, Whittinghill y Derrickse (1981), quienes al realizar autopsias psicológicas en adolescentes suicidas de 12 a 19 años encontraron que 81% había manifestado ideación suicida antes del acto suicida, y que la presencia de ideación suicida a los 15 años se relaciona con el riesgo de intento suicida a los 18 años, dado el seguimiento de pautas de comportamiento contrarias al género: en hombres la dependencia y, en mujeres, la conducta agresiva (Giaconia *et al.*, 2003). En hombres el estrés crónico es un predictor de la ideación suicida, en tanto que en las mujeres lo es la baja autoestima y la disfunción familiar, lo que se incrementa cuando ésta se combina con el consumo alto de alcohol (Kelly *et al.*, 2001). Por otra parte, se ha reportado que la permanencia de la ideación suicida por periodos largos es un antecedente significativo para el pronóstico del intento suicida (Kuo *et al.*, 2001). Y aun se ha registrado que, si se presenta ideación suicida durante la adolescencia y se vuelve a manifestar en la adultez, se incrementa la probabilidad de la aparición de problemas en el funcionamiento psicosocial y, en general, de síntomas psicopatológicos.

Si bien es cierto que la ideación suicida se puede presentar como una manifestación para llamar la atención o para buscar incidir en el cambio de las condiciones actuales, tal como sucede con el intento suicida, también es un hecho que la ideación suicida puede ser la manifestación observable del avance en el proceso suicida que puede dar lugar al desarrollo de un acto suicida o de un intento suicida; es decir, es un registro del grado de suicidabilidad presente, el cual puede desarrollarse hasta un desenlace fatal. Por ello es importante no desestimar la presencia de este hecho y aun abrir los espacios para que sea manifestado, sobre todo a nivel clínico. Es necesario preguntar abiertamente si se han tenido pensamientos de muerte, pensamientos recurrentes respecto de quitarse la vida, si se ha planeado cómo, dónde, cuándo hacerlo; acerca de los preparativos realizados (regalar bienes personales, ordenar sus asuntos), de las causas, del convencimiento acerca de las consecuencias del acto y de la convicción sobre la posibilidad de llevarlo a cabo. Además, se debe tener el registro de los factores que se han reconocido como vinculados al proceso suicida, tales como factores estresantes significativos para la persona, cambios importantes de comportamiento, y vulnerabilidad suicida tal como desesperanza, depresión y distorsión cognitiva.

Aun cuando queda mucho por investigar y descubrir acerca del proceso suicida, lo que ahora sabemos nos da la posibilidad de avanzar en la prevención y el tratamiento del suicidio, contribuyendo con ello a evitar que ocurran muertes evitables.

Bibliografía

Ahrens, B., y Linden, M. (1996). Is there a suicidality syndrome independent of specific major psychiatric disorders? Results of a split half multiple regression analysis. *Acta Psychiatrica Scandinavica, 94*, 79-86.

Baldessarini, R., y Toldo, L. (2003). Suicide: historical, descriptive, and epidemiological considerations. *Journal of Clinical Psychiatry, 85*, 10-31.

Benazzi, F. (2005). Suicidal ideation and bipolar-ii depression symptoms. *Humanistic Psychopharmacology, 20* (1), 27-32.

Bostwick, J., y Pankratz, V. (2000). Affective disorders and suicide risk: A re-examination. *American Journal of Psychiatry, 157*, 1925-1932.

Calvo, J., Sánchez, R., y Tejada, P. (2003). Prevalence and factors associated with suicidal thinking among university students. *Revista de Salud Pública, 5*, (2), 123-143.

Chávez, I. (2006). Muerte con aroma de enfermedad. *Diario Monitor*, 15.

Conwell, Y., y Henderson, R. (1996). Neuropsychiatry of suicide. En Fogel, B., Schiffer, R., y Rao, S., (eds). *Neuropsychiatry*. Baltimore: Williams & Wilkins, 485-521.

Druss, B., y Pincus, H. (2000). Suicidal ideation and suicide attempts in general medical illnesses. *Archive Internal Medicine, 160* (10), 1522-1526.

Enns, M., Cox, B., y Inayatulla, M. (2003). Personality predictors of outcome for adolescents hospitalized for suicidal ideation. *Journal American Academic Child Adolescence Psychiatry, 42* (6), 720-727.

Feijó, M. (2003). El suicidio y sus relaciones con la psicopatología: Análisis cualitativo de seis casos de suicidio racional. *Salud Pública* (Río de Janeiro), *16* (1), 163-170.

Giaconia, D., Helen, Z., Reinherz, D., Angela, D., Paradis, B., Cecilia, K., Stashwick, B., y Curtis, S. (2003). Impact of adolescent suicidal ideation on young adult functioning. *Personality and Individual Differences, 35*, 249-26.

González-Forteza, C., y Andrade, P. (1994). *Acta Psiquiátrica y Psicológica en América Latina, 40*, (2), 156-163.

—— y Andrade, P. (1995). La relación de los hijos con sus progenitores y sus recursos de apoyo: Correlación con la sintomatología depresiva y la ideación suicida en los adolescentes mexicanos. *Salud Mental, 40* (4), 41-48.

——, Berenzon-Gorn, S., Tello-Granados, A., Facio-Flores, D., y Medina-Mora, M. (1998). Ideación suicida y características asociadas en mujeres adolescentes. *Salud Pública de México, 40* (5), 430-437.

——, Jiménez, J., y Gómez, C. (1995). Indicadores psicosociales asociados con la ideación suicida en los adolescentes. *Reseña de la X Reunión de Investigación y Enseñanza. Instituto Mexicano de Psiquiatría,* 135-139.

Goodwin, R., y Marusic, A. (2003). Feelings of inferiority and suicide ideation and suicide attempt among youth. *Journal of Croata Medicine, 44* (5), 553-557.

——, Beautrais, A., y Fergusson, D. (2004). Familial transmission of suicidal ideation and suicide attempts: Evidence from a general population sample. *Psychiatry Research, 126* (2), 159-165.

Hawton, K., y Catalan, J. (1981). Psychiatric management of attempted suicide patients. *British Journal of Hospital Medicine, 26,* 365-368.

Kelly, T., Lynch, K., Donovan, J., y Clark, D. (2001). Alcohol use disorders and risk factor interactions for adolescent suicidal ideation and attempts. *Suicide Life and Threatening-Behaviour, 31* (2),181-93.

Kerkhof, A., y Arensman, E. (2001). Pathways to suicide: The epidemiology of the suicidal process. En K. Van Heeringen. *Understanding suicidal behavior. The suicidal process: Approach to research treatment and prevention.* England: John Wiley & Sons Ltd.

Kuo, W., Gallo, J., y Tien, A. (2001). Incidence of suicide ideation and attempts in adults: The 13-year follow-up of a community sample in Baltimore, Maryland. *Psychology Medicine, 31* (7), 1181-1191.

Mann, J., Waternaux, C., Hass, G., y Malone, K. (1999). Toward a clinical model of suicidal behavior in psychiatric patients. *American Journal of Psychiatry, 156,* 181-189.

Medina-Mora, A., López, E., Villatoro, J., Juárez, F., Berenzon, S., Carreño, S., y Rojas, E. (1994). La relación entre ideación suicida y abuso de drogas. Resultados de una encuesta en la población estudiantil. *Anales 6 Instituto Mexicano de Psiquiatría. Reseña de la IX Reunión de Investigación,* 7-14.

Mondragón, L., Borges, G., y Gutiérrez, R. (2001) La medición de la conducta suicida en México: Estimaciones y procedimientos. *Salud Mental 24,* 4-15.

Neuringer, Ch. (2001). Current developments in the study of suicidal thinking. En E.S. Shneidman (2001). *Suicidology Contemporary Developments.* Cap. 7. Nueva York: Grune & Stratton.

Organización Panamericana de la Salud (2005). Más personas mueren en el mundo por suicidio que por conflictos bélicos. Comunicado de prensa. Washington D.C. 9 de septiembre. Recuperado el 25 de noviembre de 2005 en: http://www.paho.org/Spanish/DD/PIN/ps050909.htm

Pérez, S. (1999). *Lo que usted debiera saber sobre... suicidio.* Cuba: Imagen Gráfica.

Peter, W., Sneed, C., y Marsh, P. (2003). Toward an empirical taxonomy of suicide ideation: A cluster analysis of the youth risk behavior survey. *Suicide and Life-Threatening Behavior, 33* (4), 365-373.

Ringel, E. (1969). *Selbsmordverhuntung.* Berne, Huver. Citado en K. van Heeringen. *Understanding suicidal behavior. The suicidal process: Approach to research, treatment and prevention.* Inglaterra: John Wiley & Sons Ltd.

Rudd, M. (1989). The prevalence of suicidal ideation among college students. *Suicide and Life-Treatening Behavior, 19* (2), 173-183.

Schweitzer, R., Klayich, M., y McLean, J. (1995). Suicidal ideation and behaviors among university students in Australia. *Journal of Psychiatry, 29* (3), 473-479.

Shafii, M., Carrigan, S., Whittinghill, J., y Derrick., (1985). Psychological autopsy of completed suicide in children and adolescents. *American Journal of Psychiatry, 142,* 1061-1064.

Shneidman, E.S. (2001). *Suicidology Contemporary Developments.* Nueva York: Grune & Stratton.

Steinhausen, H., y Metzke, C. (2004). The impact of suicidal ideation in preadolescence, adolescence, and young adulthood on psychosocial functioning and psychopathology in young adulthood. *Acta Psiquiatrica Scandinava, 110* (6), 438-445.

Tondo, L. (2000). *Prima del tempo: Capire e prevenire il suicidio.* Roma: Carocci.

Van Heeringen, K. (2001). The suicidal process and related concepts. *Understanding suicidal behavior. The suicidal process: Approach to research treatment and prevention.* England: John Wiley & Sons Ltd.

Capítulo 5

Suicidio y desesperanza:
una perspectiva cognitiva

Martha Hermelinda Córdova Osnaya

Cuando una persona tiene desesperanza, se declara incapaz de enfrentar la realidad. Al percibir la incertidumbre del futuro, simplemente deja de luchar, deja de buscar soluciones para esta vida, y ve aparecer una solución que terminaría con buscar soluciones, su propia muerte:

> …la *tendencia a la indefensión* (o desesperanza) es aquella creencia de que estamos a merced de un ambiente hostil y que nada de lo que hagamos podrá modificarlo. Nos declaramos incapaces e inútiles ante la adversidad, nos sentimos desamparados ante ella, nos vemos a nosotros mismos como víctimas desprotegidas e *indefensas* de la cruel realidad (Bartolomé, 2006, p. 79).

¿Cuáles son los pensamientos que rumia quien ha caído en la desesperanza? "Estoy derrotado(a)", "nada de lo que haga funcionará", "nada de lo que hago sirve", "para qué hacer el intento, no va a funcionar", "es inútil, las cosas no cambian por más que me esfuerce", "no espero nada del futuro", "no soporto más", "me siento tan desgraciado(a) que quiero escapar de la vida".

Los párrafos anteriores ponen énfasis en actividades cognitivas o mentales, las cuales son definidas como modos de conducta según los cuales el organismo no interactúa con el ambiente real sino con representaciones del mismo. A las actividades cognitivas se les denomina muchas veces como comportamiento encubierto: la imaginación y el pensamiento.

Cuando el ambiente es representado internamente a través de figuras o imágenes, la actividad cognitiva es llamada imaginación. Cuando el ambiente es representado a través de palabras, a través del lenguaje, a través de unidades verbales, la actividad cognitiva es llamada pensamiento, pensar es *hablar por dentro*.

La perspectiva cognitiva

Los orígenes filosóficos de la aproximación cognitiva se remonta al siglo IV a.C. con los estoicos, en particular Zerón de Citio, Crisipo, Cerón, Séneca, Epicteto y Marco Aurelio. Epicteto escribió: "Los hombres no se perturban por causa de las cosas, sino por la interpretación que de ellas hacen" (1945). La interpretación es una actividad cognitiva, algo que nosotros aportamos, algo que no existe sin nuestra intervención como miembros activos de la comunidad hablante.

También las filosofías orientales, como el taoísmo y el budismo, han subrayado que las emociones humanas están basadas en las ideas.

De la tradición psicoanalista, en los años treinta del siglo pasado derivó la psicología individual de Alfred Adler, quien intentó explicar cómo la persona percibe y experimenta el mundo; él afirmó:

> No sufrimos por el choque de nuestras experiencias el llamado *trauma*, sino que inferimos de ellas precisamente lo que se ajusta a nuestros propósitos. Estamos autodeterminados por el significado que damos a nuestras experiencias; y probablemente siempre hay implicada cierta parte de error cuando tomamos determinadas experiencias como base para nuestra vida futura. Los significados no están determinados por las situaciones, sino que nos determinamos a nosotros mismos por el significado que damos a las situaciones (Adler, 1958, p. 14).

Desde los años cuarenta a los sesenta hubo en Europa un auge sobre todo filosófico conocido como "movimiento fenomenológico", el cual sostenía que las personas ven el mundo desde su propia y particular perspectiva; por consiguiente, la interpretación subjetiva es esencial en toda actividad humana y no puede ni debe ignorarse. Las obras de Kant, Heidegger y Husserl enfatizan las experiencias subjetivas conscientes, que tienen su impacto en la psicología, sobre todo en la explicación de estados patológicos. Los psicólogos humanistas se adhieren a la fenomenología ya que están unidos por una meta común: lo que significa existir como ser humano.

En los años cincuenta dos brillantes terapeutas, Albert Ellis y Aarón Beck, desarrollaron en forma separada y casi simultánea la terapia cognitiva. Aunque son dos modelos diferentes, su similitud supera las diferencias, ya que está basada en la aproximación humanística sustentada en una misma enseñanza central: la causa de la perturbación emocional no hay que buscarla en los acontecimientos ambientales, sino en lo que pensamos de ellos. El *locus*, el lugar, el punto, la fuente de control de la emoción humana, está dentro de nosotros.

Tipos de conducta suicida

La perspectiva cognitiva divide la conducta suicida en cuatro tipos: suicidas desesperados, suicidas impulsivos, suicidas psicóticos y suicidas racionales, ninguno de los cuales excluye a los otros (Freemann, A., y Reinecke, 1995).

Los suicidas desesperados

Como la palabra lo indica, el sentimiento que predomina es la desesperación. Este sentimiento es provocado por la percepción de que no existe esperanza de que mejoren las cosas y por lo tanto no se cree que exista razón alguna para seguir viviendo.

Todas las personas hemos pensado nuestra propia lista de opciones respecto de lo que debe hacerse en un determinado número de circunstancias; hemos oído frases como "francamente no sé qué haría, pero seguramente si a mí me diagnostican cáncer me suicido", es decir, en esta lista muchos han pensado en el suicidio; afortunadamente, para la mayoría la opción del suicidio nunca llega a materializarse. Para otros es una presencia poco frecuente y molesta. Para otros más es una compañía constante y persistente aunque indeseada. Para un grupo reducido puede dominar sus pensamientos y ante una situación determinada le parece que no hay más opciones en su lista, por lo que llevan a la acción el pensamiento de suicidio.

La percepción del individuo de que sus opciones disponibles son nulas puede provocar en él la desesperanza. Cuando una persona se siente incapaz de resolver su dilema y además tampoco cree que otros sean capaces de ayudarle, aparece uno de los sentimientos más representativos de la desesperanza: la desesperación. Ante esta situación, el individuo opta por el suicidio como una opción para quitar el dolor psicológico que él percibe como intolerable.

Los suicidas impulsivos o histriónicos

Son aquellos individuos que usan el intento suicida como fuente de estimulación y excitación; el terapeuta los clasifica generalmente como manipulativos o motivados por la necesidad de atención, ya que sus intentos de suicidio muchas veces son extravagantes.

Los suicidas psicóticos

Son aquellos individuos que intentan suicidarse por efecto de alucinaciones impositivas o voces que recibe de ellas.

Los suicidas racionales

Son individuos que a partir de una reflexión racional han decidido morir; generalmente hace referencia al paciente enfermo de cáncer en fase terminal y con dolor incontrolable. Son los individuos que han puesto el dedo en la llaga respecto al "derecho de morir". Dicha cuestión ha sido y sigue siendo motivo de acalorados debates entre teólogos, médico, éticos, legisladores, etcétera.

Origen del constructo teórico de desesperanza

El concepto de desesperanza surge en el seno de la perspectiva cognitiva, y particularmente en el modelo de explicación de la depresión reactiva o aprendida.

Específicamente Aaron Beck es quien acuña el concepto de desesperanza. Era psicoanalista y se propuso validar conceptos psicoanalíticos de la depresión como "la hostilidad vuelta hacia uno mismo" expresada por la "necesidad de sufrimiento", con dos propósitos: encontrar los datos empíricos que apoyaran tal formulación y desarrollar una forma breve de psicoterapia dirigida específicamente a mitigar la psicopatología de la depresión.

Al llevar a cabo sus investigaciones, encontró resultados contradictorios que lo llevaron a reubicar su postura teórica no sin antes experimentar un conflicto interno que le causó dolor:

> Los datos contradictorios apuntaban hacia la idea de que pacientes depresivos *no* tienen necesidad de sufrimiento alguno. Concretamente, las manipulaciones experimentales indicaron que el paciente depresivo tiende a evitar conductas que pueden generar rechazo o desaprobación, a favor de respuestas que elicitan aceptación o aprobación por parte de otros, con mayor probabilidad que el individuo no depresivo (Beck *et al.,* 1983, p. 8).

Al querer dar sentido a la evidencia que contradecía la teoría psicoanalítica, junto con sus observaciones clínicas y sus estudios experimentales y correlacionales, llevó a cabo una reformulación total de la psicopatología de la depresión.

El modelo cognitivo postula tres conceptos específicos para explicar el sustrato psicológico de la depresión:

- La tríada cognitiva.
- Los errores cognitivos (errores en el procesamiento de la información) o distorsión cognitiva.
- Los esquemas.

A continuación se abordarán cada uno de estos tres elementos.

Tríada cognitiva

Es en donde aparece el concepto de desesperanza; comprende tres patrones cognitivos, los cuales son:

- Visión negativa del individuo sobre sí mismo.
- Visión negativa del mundo.
- Desesperanza.

El primer componente de la tríada es la visión negativa acerca de uno mismo:

> El paciente se ve desgraciado, torpe, enfermo, con poca valía. Tiende a atribuir sus experiencias desagradables a un defecto suyo, de tipo psíquico, moral o físico. Debido a este modo de ver las cosas, el paciente cree que, *a causa* de estos defectos, es un inútil, carece de valor. Tiende a subestimarse, a criticarse a sí mismo en base a sus defectos. Por último, piensa que carece de los atributos que considera esenciales para la alegría y la felicidad (Beck, Rush, Shaw y Emery, 1983, p. 19).

El segundo componente de la tríada cognitiva se refiere a la visión negativa del mundo en la cual el individuo interpreta sus experiencias de una manera negativa:

> Le parece que el mundo le hace demandas exageradas y/o presenta obstáculos insuperables para alcanzar los objetivos. Interpreta sus interacciones con el entorno, animado o inanimado, en términos de relaciones de derrota o frustración (Beck *et al.*, 1983, p. 19).

La desesperanza es el tercer componente de la tríada, la cual hace referencia a una visión negativa del futuro.

Los síntomas de la depresión de acuerdo con el *Manual Diagnóstico y Estadístico de Enfermedades Mentales (DSM) IV* son: tristeza; pérdida de interés; ingesta precaria o excesiva de alimento; insomnio o lo contrario; apatía, fatiga y poca energía; falta de concentración acompañada por la dificultad en la toma de decisiones e ideación suicida.

De acuerdo con el modelo cognitivo de la depresión, fuera de la tríada cognitiva los signos y síntomas de la depresión son consecuencia de los patrones cognitivos negativos; si la persona *piensa erróneamente* que va a ser rechazado reaccionará con el mismo efecto negativo (tristeza, enfado) que cuando el rechazo es real.

Errores en el procesamiento de la información o distorsiones cognitivas

Son errores sistemáticos que se dan en el pensamiento, el cual mantiene la creencia en la validez de sus conceptos negativos, incluso a pesar de la existencia de evidencia contraria. Los tipos de distorsión cognitiva que más comúnmente se aprecian entre los suicidas depresivos son varios y pueden ocurrir en combinaciones y permutaciones complejas; a continuación se describen (Freemann y Reinecke, 1995):

1. Abstracción selectiva. Consiste en centrarse en un detalle extraído de su contexto, ignorando otras características más relevantes de la situación, y conceptua toda experiencia con base en ese fragmento; por ejemplo, el suicida piensa: "seré rechazado", y a pesar de existir evidencias que contradigan tal afirmación, seguirá pensado tal cosa.

2. Sobregeneralización. Se refiere al proceso de elaborar una regla general o una conclusión a partir de uno o varios hechos aislados y de aplicar el concepto tanto a situaciones relacionadas como a situaciones inconexas. Los individuos suicidas arbitrariamente concluirán que un único acontecimiento negativo ocurrirá repetidamente, por lo tanto el suicidio llega a ser una opción razonable.

3. Inferencia arbitraria. Se hacen conclusiones careciendo de evidencia sobre la cual descansan las mismas. Admite dos formas comunes: "la lectura de la mente" y "la predicción negativa". La primera conlleva la idea de que otros deberían ser capaces de leer nuestra mente y saber lo que uno quiere. Los suicidas creen que los otros "no los comprenden". La segunda es la predicción negativa, en la cual la persona imagina, y de hecho predice la ocurrencia de acontecimientos negativos.

4. Maximización y minimización. Al evaluar un evento, éste se exagera o minimiza. Es una tendencia sistemática a sobreestimar la importancia de los acontecimientos negativos y a subestimar la magnitud o importancia de los acontecimientos deseables. También es conocida como "distorsiones binoculares": los individuos magnifican sus defectos y minimizan sus atributos; el resultado final es que reciben sentimientos de inferioridad.

5. Personalización. Se atribuye a sí mismo fenómenos externos cuando no existe una base firme para tal conexión; esto implica que el individuo suicida toma acontecimientos que nada tienen que ver con él y los hace personalmente significativos.

6. Pensamiento absolutista, dicotómico, de todo o nada. Tendencia a evaluar su conducta, experiencia o cualidades personales de una manera dicotómica: buena o mala. Los suicidas piensan con frecuencia: "soy malo".

7. Razonamiento emocional. Las emociones son prueba fehaciente de que así son las cosas. El pensamiento es: "yo siento, por lo tanto soy"; por lo que en una persona con tendencia suicida derivará en: "Me siento culpable, por lo tanto debo ser una mala persona y morir".

8. Afirmaciones de "debería, debo, tengo que". Son las creencias más comunes; los pensamientos se presentan de forma imperativa: "yo debería…", "yo debo hacer esto..". Los individuos con tendencia suicida tienen pensamientos como: "Yo no debería sentirme como me siento, pues los demás son buenos conmigo, no funciono, es mejor dejar de existir". Estas afirmaciones engendran sentimientos de culpabilidad, ansiedad, resentimiento y agresividad.

9. Catastrofizar. Hace referencia a la exageración sistemática de las dificultades.

10. Calificación y descalificación. Es una distorsión que está basada en la creencia de que "la medida de una persona está en función de los errores que comete"; de esta manera, se crea una identidad negativa basada en los errores e imperfecciones de uno mismo.

11. Falacias sobre el control. Están basadas en la creencia de que "si pierdo el control durante el más mínimo intervalo, perderé totalmente el control", lo que despierta en el individuo una alerta constante para no perder el control de sí mismo.

12. Pensamiento comparativo. El individuo cree firmemente que sólo vale por la comparación que hace de su persona con los demás; sin embargo, generalmente su comparación es negativa, al percibirse como menos inteligente, menos brillante, menos atractivo, con menor éxito, por lo que terminan pensando: "por qué seguir viviendo dada mi incapacidad para comparar o competir".

13. Descalificar lo positivo. Esto hace referencia a una frase transcultural: "Sí, pero...", "Yes, but...", "Oui, mais...", "Ja, ubrer...", que indica que se descalifica lo positivo, para dar lugar a lo negativo.

14. La falacia de la justicia. La creencia que sustenta esta distorsión es que "las cosas buenas llegan a quien espera o sufre", de tal manera que, cuando el individuo experimenta una injusticia, se siente abatido porque solicita que el mundo sea justo; por consiguiente, a menudo concluye que el suicidio es una alternativa ante esa situación tan injusta.

El individuo suicida vez tras vez comprueba una o varias de las anteriores distorsiones cognitivas, lo que trae consigo dificultades emocionales importantes. El suicida puede verse a sí mismo como una carga inútil y consecuentemente pensar que sería mejor para todos, incluido para él mismo, estar muerto.

Los esquemas

Son patrones cognitivos relativamente estables que constituyen la base de la regularidad de las interpretaciones acerca de un determinado conjunto de situaciones. Cuando una persona se enfrenta a una circunstancia, los esquemas son la base para transformar los datos en cogniciones, ya sea verbales o gráficas. Por consiguiente, un esquema constituye el fundamento para localizar, diferenciar y codificar el estímulo con que se enfrenta el individuo. "Éste categoriza y evalúa sus experiencias por medio de una matriz de esquemas" (Beck *et al.*, 1983, p. 21). Los esquemas son inconscientes, y cuando son activados, determinan directamente la manera de responder de la persona, de tal manera que las distorsiones cognitivas se mantienen mediante los esquemas. Éstos pueden ser activos o pasivos; los esquemas activos son los que dominan la conducta diaria y los latentes entran en juego para controlar la conducta en situaciones de estrés. Pueden ser convincentes y no convincentes; mientras más convincentes sean más probabilidad existe de que el individuo responda a ellos. Se establecen en la primera infancia y se consolidan mediante la experiencia del individuo a lo largo de la vida.

> Los esquemas de los individuos suicidas y depresivos se centran fre-
> cuentemente en temas específicos de vulnerabilidad a la pérdida y al
> abandono y a su incapacidad o desmerecimiento de amor. Aunque estos
> esquemas pueden estar latentes durante mucho tiempo, pueden acti-
> varse por determinados acontecimientos vitales específicos (Freemann y
> Reinecke, 1995., p. 46).

Los esquemas abarcan una multitud de aspectos, entre ellos la tríada
cognitiva, pensamientos sobre sí mismo, la perspectiva propia del mundo y la perspectiva del futuro; en otras palabras, y retomando el tema de
interés sobre este escrito, los pensamientos de un futuro no halagador
devienen de una estructura inconsciente llamada esquema, la cual ha
sido formada durante la infancia.

El modelo cognitivo de la depresión reactiva plantea la predisposición
y aparición de la depresión y los pensamientos suicidas de la siguiente
manera: "…algunas experiencias tempranas proporcionan la base para
formar conceptos negativos sobre sí mismos, el mundo y el futuro. Estos
conceptos (esquemas) pueden permanecer latentes y ser activos por determinadas circunstancias, análogas a las experiencias inicialmente res-
ponsables de la formación de las actitudes negativas" (Beck *et al.*,1983,
p. 21). De tal manera que las experiencias vividas por las personas deprimidas y aquellas que no se deprimen pueden ser no muy distintas, la
diferencia estriba precisamente en la interpretación que el individuo da
a dicho acontecimiento.

El modelo cognitivo se fundamenta en que existe una interacción esencial entre la percepción que tienen los individuos de sí mismos, su mundo
y su futuro, y cómo se sienten y comportan. Aunque inicialmente desarrollado como medio para entender o tratar los trastornos por depresión
reactiva, se ha aplicado a una serie de problemas cada vez mayores:

> Durante los últimos años la teoría se ha perfeccionado de tal manera
> que se ha convertido en un modelo articulado para el desarrollo de tras-
> tornos depresivos y, consecuentemente, la terapia cognitiva es también
> un enfoque efectivo para la conceptualización y el tratamiento del sui-
> cidio (Freemann y Reinecke, 1995, p. 33).

La terapia cognitiva ha resultado útil a los individuos suicidas en dos
aspectos: quitándoles la sensación de desesperanza y proporcionándoles

un medio para elaborar soluciones alternativas a sus dificultades. Ambos, paciente y terapeuta, trabajan juntos con las distorsiones cognitivas para identificar los aspectos esquemáticos dinámicos que pueden estar potenciando el pensamiento suicida.

Características de la desesperanza

Como podemos ver, el constructo hipotético de desesperanza o pesimismo forma parte de la tríada cognitiva de la depresión, definida ésta como visión negativa que el individuo tiene acerca del futuro (Beck *et al.*, 1974).

No obstante, es importante reconocer que la desesperanza o pesimismo y la depresión no son constructos idénticos. La evidencia empírica ha mostrado que la desesperanza puede funcionar independientemente de la depresión. Es más, hay una propuesta teórica cognitiva que señala a la desesperanza como la causante de la depresión, conocida como depresión por desesperanza.

La desesperanza tiene la característica –de acuerdo con Beck– de poseer la tendencia a establecer una similitud o continuidad entre el presente y el futuro. La visión negativa del mundo y la concepción negativa del futuro hacen que se considere la situación negativa actual algo perpetuado a través del tiempo, lo que lleva a la convicción de que la situación actual no va a mejorar con el paso del tiempo; esto da como resultado la pérdida de motivación y la generación de sentimientos negativos acerca del futuro.

Respecto a la pérdida de la motivación:

> La poca fuerza de voluntad viene provocada por el pesimismo y desesperación del individuo, ya que si espera un resultado negativo, no puede comprometerse a realizar una determinada tarea a futuro. Los deseos de suicidio pueden entenderse como expresión extrema del deseo de escapar a lo que parecen ser problemas irresolubles o una situación intolerable (Beck *et al.*, 1983, p. 20).

Respecto a los sentimientos que acompañan a la desesperanza, Beck señaló en 1976 tres emociones sintomáticas de la desesperanza: desesperación, decepción y desilusión, siendo la desesperación el sentimiento más fuerte.

Cuando el individuo se encuentra en un estado de desesperanza, los pensamientos que controlan su mente generalmente son: "las cosas no van a cambiar", "por más que me esfuerce no tendré resultado alguno", "es demasiado, no lo soporto", "soy una carga para los demás", "me siento tan desgraciado"; tales pensamientos traen como resultado emociones como la desesperación, decepción y desilusión, y son expresión del deseo de escapar de esa situación a la que no se le ve solución alguna. Aun cuando el individuo experimente un éxito, tiene una falla para integrar esa experiencia de éxito. Conforme la desesperanza envuelve la orientación total del individuo hacia el fracaso, los problemas tienden a considerarse irresolubles. La desesperanza no sólo engulle al futuro distante, sino que permea cada deseo y tarea que el individuo emprende. Razón por la cual se ha encontrado que la desesperanza es un buen predictor de la conducta suicida (Kovacs *et al.*, 1975a).

Este concepto de desesperanza ha sido operacionalizado por Beck, Weissman, Lester y Trextler en 1974. Éstos desarrollaron un instrumento para medir el constructo teórico de la desesperanza llamado *escala de desesperanza*, diseñado "para medir manifestaciones afectivas, motivacionales y cognitivas de estas expectativas negativas en adultos" (Kadzin *et al.*, 1986). Se trata de un instrumento desarrollado en el marco teórico de la perspectiva cognitiva, el cual ha sido usado en diversas investigaciones sobre suicidio.

Explicaciones de por qué surge la desesperanza en individuos suicidas

Las razones que los suicidas dan con más frecuencia del por qué de sus intentos de suicidio o sus impulsos suicidas son las siguientes:

- Su malestar emocional o mental es intolerable, no ven solución a sus problemas y están "cansados de luchar", la vida es "simplemente demasiado" o "no merece vivirse". El intento de suicidio, por consiguiente, es escapar de la vida, es darse por vencidos.
- Otros esperan –a través del intento suicida– llamar la atención de una persona importante para ellos, de tal manera que lo que pretenden es un cambio interpersonal.

- Una combinación de los dos anteriores. Cuando el motivo es principalmente manipulativo o para llamar la atención, el intento suele ser menos grave que cuando el propósito que se persigue es huir de la vida.

En una muestra de Kovacs, Beck y Weissman (1975b) de 200 pacientes hospitalizados por haber intentado suicidarse, 56% (111) manifestaron que no deseaban vivir, que querían escapar de la vida y que se habían decidido por el suicidio como la única solución viable a sus problemas; las razones de esta mayoría pueden incluirse en la categoría de escape-huida. Un 13% de los pacientes explicó que había intentado suicidarse con el único propósito de producir un cambio en otras personas o en el ambiente. El restante 31% expuso que fue una combinación entre fines manipulativos y escape.

De los anteriores pacientes, aquellos que obtuvieron puntuaciones más altas en desesperanza tendían a apuntar a la huida-escape de la vida, y más bajas en desesperanza aquellos que habían señalado su intento suicida con el único propósito de la manipulación.

El motivo para el suicidio que expone el individuo suicida es muy importante, ya que ayuda al terapeuta a determinar el ámbito de tratamiento, pues no es lo mismo querer huir de la vida que llamar la atención, o una combinación de ambos.

Clínicamente se considera que una persona tiene desesperanza, cuando manifiesta las siguientes respuestas ante la pregunta: ¿Por qué ha decidido suicidarse? (Beck *et al.*, 1983):

1. La vida no tiene sentido. No espero nada del futuro.
2. No puedo soportar la vida. Nunca seré feliz.
3. Me siento tan desgraciado que éste es el único modo de escapar.
4. Soy una carga para mi familia: están mejor sin mí.

Tales afirmaciones están relacionadas de una u otra manera con la desesperanza, debido a que:

- Se ve a sí mismo atrapado en una situación negativa que no tiene salida.
- Considera insoportable continuar en tal situación.
- Hay sentimientos como la desesperación.

- Considera el suicidio la solución (o escape) más atrayente para hacer frente a sus problemas.

Dentro también del marco cognitivo se ha explicado el porqué de la aparición de la desesperanza aprendida, conocida también como indefensión. Ésta se derivó de un experimento típico llevado a cabo por Seligman, en donde dividió azarosamente un conjunto de perros en tres grupos para aplicarles un pretratamiento; Grupo Control, no recibe choques; Grupo Escapable, recibe choques pero mediante alguna de sus respuestas puede evitarlos; Grupo Inescapable, recibe choques inescapables. Sin embargo, cuando el Grupo Escapable evitaba un choque, simultáneamente se apagaba el choque en el Grupo Inescapable, de tal modo que ambos grupos recibían la misma cantidad de estimulación aversiva, además de que este último grupo no podía hacer nada para evitar la estimulación aversiva. Durante la fase de tratamiento se les probó en alguna otra conducta escapable. Los grupos Control y Escapable aprendieron rápidamente la nueva tarea, el Grupo Inescapable tuvo problemas en aprender la tarea. La aplicación de lo anterior en humanos llevó a un concepto llamado incontrolabilidad, considerada como la piedra angular de la indefensión o desesperanza aprendida (Seligman, 1975); no existe contingencia (incontingencia) entre la conducta del individuo y los resultados que de ésta se esperan; expectativas o representación cognitiva de la contingencia (Seligman, 1978). La expectativa es un paso crucial; si el sujeto cree que no puede influir en el medio, se produce desesperanza.

Existen dos fundamentos de la teoría de la indefensión o desesperanza aprendida:

- El individuo se forma la expectativa de que sus respuestas y resultados son independientes. De este fundamento se deriva el segundo.
- La persona, al creer o pensar que su conducta es independiente de sus resultados, genera tres déficit: motivacional (al creer el individuo que su respuesta no influirá sobre el resultado, se halla menos incentivado para llevar a cabo una respuesta); cognitivo (la incontingencia es una forma activa de aprendizaje que interfiere en aprendizajes posteriores que supone la contingencia, volviéndose por tanto el sujeto incapaz de apreciar la asociación contingente), y

emocional (la expectativa de la incontingencia produce miedo y de éste se deriva una serie de emociones negativas).

¿Toda la desesperanza puede ser explicada por este modelo de indefensión aprendida?, pregunta que queda sin responder. Los estudiosos del suicidio que apoyan la indefensión aprendida afirman que los sentimientos de desesperación del individuo se originan por la incontrolabilidad de los resultados negativos y positivos: "…la tendencia al suicidio brota como consecuencia de los sentimientos de desesperanza en conjunción con la idea de que las dificultades corrientes son inaguantables o a consecuencia del deseo de manipular rápidamente o controlar la situación frustrante o amenazadora" (Freemann y Reinecke, 1995, p. 19).

Desde el punto de vista clínico, los individuos suicidas manifiestan normalmente altos niveles de desesperanza y la sensación de que los resultados importantes no pueden ser controlados o alcanzados (Freemann y Reinecke, 1995).

La desesperanza y el suicidio

Aproximadamente diez años después de que fue creada la escala de desesperanza, en 1985 Beck, Steer, Kovacs y Garrison prueban la utilidad de la escala para medir el riesgo suicida, y encuentran que es capaz de discriminar sujetos según el nivel de tendencia suicida. En 1993, Beck, Steer y Newman, al trabajar con adultos con y sin trastornos de ánimo, demuestran que la desesperanza es 1.3 veces más importante que la depresión para explicar la presencia de ideación suicida.

En España, Villardón (1993) encuentra la depresión como el aspecto que mejor predice el proceso de ideación suicida en adolescentes de 14 a 17 años, sin embargo es importante señalar que sólo consideró 10 de los 20 reactivos de que está compuesta la escala de desesperanza de Beck.

La desesperanza y el suicidio: investigaciones en México

La revista *Salud Mental* publicó en 2003 una investigación de recopilación y análisis descriptivo de los artículos enfocados sobre la problemática suicida (suicidio, intento de suicidio e ideación suicida), titulada:

"Veinticinco años de investigación sobre suicidio en la Dirección de Investigaciones Epidemiológicas y Psicosociales del Instituto Nacional de Psiquiatría Ramón de la Fuente". El periodo reportado fue de 1982 a 2003. Se hallaron 56 artículos en total, los cuales fueron desglosados por año de publicación, autor(es), título, lugar en donde se obtuvieron los datos, temática, población, enfoque del estudio, variables e instrumentos empleados.

De estos 56 artículos, solamente dos consideraron como variables o instrumentos la escala de desesperanza. Los autores de dichos artículos son los mismo de "La ideación suicida y su relación con la desesperanza, el abuso de drogas y alcohol", publicado en 1998, y de "Suicide attempts in a sample of patients from a general hospital", publicado en 2000. Ambos emplearon la misma cantidad de sujetos: 1 094 adultos pacientes de los tres servicios del Hospital Dr. Manuel Gea González, a saber, hospitalización, urgencias y consulta externa. En los dos casos, el enfoque de estudio fue epidemiológico; los instrumentos empleados fueron ligeramente diferentes; sin embargo, los dos emplearon la escala de desesperanza de Beck. Los dos artículos reportan la falta de confiabilidad en la escala de desesperanza de Beck en pacientes adultos (0.56). El artículo publicado en 1998 señaló un riesgo de ideación suicida siete veces mayor en las mujeres que manifestaron mayor desesperanza.

Modelos teóricos cognitivos relacionados con el concepto de desesperanza

Reformulación del desamparo aprendido o desesperanza: depresión por desesperanza

Como señalé anteriormente, la piedra angular del desamparo aprendido o desesperanza es la incontrolabilidad. En 1978, Seligman, Abramason y Teasdale reformulan la teoría del desamparo aprendido, proponiendo cuatro premisas cuya ocurrencia simultánea es suficiente pero no necesaria para la aparición de la depresión:

- El individuo considera como posible un conjunto de eventos altamente aversivos y como muy poco probable un conjunto de eventos altamente deseables.
- El individuo considera que no hay nada que él pueda hacer acerca de la probabilidad de este conjunto de eventos.
- El individuo posee un estilo atribucional poco adaptativo, por lo cual los eventos negativos tienden a ser atribuidos a causas internas, estables y globales, mientras que los eventos positivos tienden a ser atribuidos a causas externas, inestables e inespecíficas.
- A mayor certeza de la ocurrencia del conjunto de eventos-aversión y la esperada falta de control respecto de éste, mayor será la intensidad de los déficits motivacionales y cognitivos. A mayor importancia que el individuo asigne a los eventos incontrolables, mayor será la ruptura en los campos afectivos y de autoestima.

Bajo esta teoría y sus supuestos hipotéticos se han llevado a cabo estudios en diversas muestras y se ha obtenido un patrón más claro de las asociaciones entre las atribuciones y la depresión: es la atribución hacia los eventos negativos, más que la atribución hacia los eventos positivos, la que está asociada a la depresión. Y es en esto último que se deriva la *teoría de la depresión por desesperanza*, los mayores exponentes de la cual son Abramson, Metalsky y Alloy (1989); su supuesto fundamental hipotetiza que el constructo de la desesperanza juega un papel principal como causa necesaria y suficiente de la depresión, desplegando un perfil sintomático consistente en tres síntomas primarios: iniciación reducida de la respuesta voluntaria (síntoma motivacional), dificultad para percibir que las respuestas propias pueden controlar las consecuencias (síntoma cognitivo) y el afecto triste; estudios con universitarios han encontrado una asociación significativa entre el síntoma cognitivo y la desesperanza. Sin embargo, hay investigaciones que han identificado la desesperanza como un mediador o moderador de la depresión y no como un factor etiológico de ésta. Así que resta mucho por investigar respecto de este modelo.

Modelo dinámico de la desesperanza

Este modelo no es inconsistente con el de la depresión por desesperanza, y propone la desesperanza no como la causa de la depresión sino como algo concomitante a ésta, y reconoce el concepto de desesperanza como dinámico y no estático: la intensidad de la desesperanza no sólo varía de persona a persona, sino que también varía en una misma persona a través del tiempo. Al respecto, Young *et al.* (1996) demostraron que todo individuo tiene una desesperanza con una intensidad de base, que es característica de la persona cuando no está deprimida. Cuando la persona está deprimida, la desesperanza se incrementa en intensidad y en función de la severidad de la depresión. Cada persona tiene sus propias características de incremento de la desesperanza en función de la sensibilidad de la desesperanza y la depresión. Esto da como resultado que la desesperanza que se observa en un individuo en un momento dado tenga dos componentes: *a)* la desesperanza individual de base, y *b)* el incremento en la desesperanza en función de la severidad de la depresión y en función de la sensibilidad de la depresión. Para algunas personas, la desesperanza aumenta mucho al deprimirse más, mientras que para otras esto no es así. Los análisis conducen a señalar que la desesperanza no es un componente principal de todos los tipos de depresión, y que su aspecto fundamental es su especificidad en predecir el riesgo suicida.

Modelo de desesperanza y el afecto

Este modelo sostiene que las cogniciones concernientes al futuro juegan un papel importante en las perturbaciones emocionales; es decir, el examinar los pensamientos dirigidos al futuro se relaciona de una u otra manera con las perturbaciones emocionales (MacLeod y Byrne, 1996; MacLeod *et al.*, 1996). El afecto es entendido en términos de dos dimensiones ortogonales (no contrarias ni unidimensionales) de afecto positivo a afecto negativo. Se han desarrollado dos aproximaciones: examinar el grado en que las orientaciones hacia el futuro autorreportadas se relacionan con el trastorno emocional, y solicitar a los sujetos que juzguen la probabilidad de que un grupo de eventos futuros positivos y negativos ocurran. Con la primera aproximación se ha encontrado que la desesperanza es la orientación al futuro en la depresión y que la preocupación es la característica de la ansiedad. Con la segunda aproximación los hallazgos apuntan hacia aquellas personas que sobreestiman que la probabilidad de eventos negativos y que suelen presentar perturbaciones en el estado de ánimo, y los que subestiman la probabilidad de la ocurrencia de eventos positivos; se ha sugerido que la desesperanza puede estar relacionada con una falta de expectativas respecto de eventos positivos pero no con un incremento de la expectativa de eventos negativos, mientras que la preocupación mostraría un patrón contrario (MacLeod *et al.*, 1996). Si bien este modelo apenas está siendo desarrollado, promete nuevas perspectivas y retos para la comprensión de la desesperanza.

La desesperanza y la enfermedad

Señalé anteriormente que la desesperanza puede funcionar independientemente de la depresión; la enfermedad es un aspecto que se ha empezado a investigar. Así que, como último apartado, quiero desarrollar brevemente algunos hallazgos que se han reportado sobre este aspecto.

Neurobiología cerebral de la esperanza y desesperanza

En 1996, Jenkins señaló que a través de tomografías de emisión de positrones han encontrado que el pensamiento esperanzado y desesperanzado activa diferentes localidades cerebrales, a veces con correlaciones de signos opuestos. Propone a la esperanza como un ingrediente activo del efecto placebo.

Desesperanza y riesgo de muerte

La desesperanza se midió en 2 428 hombres, y se mostró una relación significativa con la muerte tanto por causas cardiovasculares como no cardiovasculares, incluyendo las neoplasias y todas las otras causas internas o relacionadas con enfermedad y causas externas, la mayoría de las cuales fueron heridas no intencionadas. La desesperanza también predijo significativamente el primer infarto al miocardio. Los individuos catalogados con "desesperanza moderada", en relación con los individuos catalogados con "baja desesperanza", se encontraban con el doble de riesgo de muerte por cualesquier causas, mientras que los hombres del grupo "alta desesperanza" mostraban hasta tres veces el riesgo. Este patrón se mantuvo aun cuando se controlaron otras variables, tales como factores de riesgo de tipo biológico, conductual o social, estado de salud percibido, historia positiva de enfermedad o enfermedad prevalente, depresión y medidas de apoyo social (Everson *et al.*, 1996).

Desesperanza y cáncer

Aun cuando existen estudios que apoyan una relación significativa entre desesperanza y cáncer, han adolecido de una metodología adecuada, por lo que su relación continúa siendo desconocida (Everson y cols., 1996).

Desesperanza y pacientes ambulatorios

El comportamiento observable se ve modificado por la desesperanza. Existe una menor atención hacia el futuro, incluyendo los hábitos de cuidado personal y la obtención de, y adherencia a, tratamientos médicos. Existe descuido por parte del paciente al tomar mayores riesgos.

Bibliografía

Abramson, L.Y., Metalsky, G.I., y Alloy, L.B. (1989). Hopelessness depression: A theory-based subtype of depression. *Psychological Review, 96* (2), 358-372.

Abramson, L.Y., Seligman, M.E.P. y Teasdale, J. (1978). Learned helplessness in humans: Critique and reformulation. *Journal of Abnormal Psychology, 87,* 49-74.

Adler, A. (1958). *What life should mean to you.* Nueva York: Capricorn. (Publicado originalmente en 1931).

Bartolomé, E. (2006). *Educación emocional en veinte lecciones.* México: Paidós.

Beck, A.T., Rush, A.J., Shaw, B.F., y Emery, G. (1983). *Terapia cognitiva de la depresión.* Bilbao: Editorial Desclée de Brouwer.

——, Steer R.A., Beck, J.S., y Newman, C.F. (1993). Hopelessness, depression, suicidal ideation, and clinical diagnosis of depression. *Suicide and Life-Threatening Behavior, 23,* 139-145.

——, Steer R.A., Kovacs, M., y Garrison, B. (1985). Hopelessness and eventual suicide: A ten year prospective study of patients hospitalized with suicide ideation. *American Journal of Psychiatry, 142,* 559-563.

——, Weissman, A., Lester, D., y Trextler A. (1974). The measurement of pessimism: The hopelessness scale. *Journal of Consulting and Clinical Psychology, 42* (6), 861-865.

Borges, G., Saltijeral, M.T., Bimbela, A., y Mondragón L. (2000). Suicide attempts in a sample of patients from a general hospital. *Arch Med Research, 31,* 366-372.

Epicteto (1945). Enchiridion o Manual de máximas. *Moralistas griegos.* México: Secretaría de Educación Pública.

Everson, S.A., Goldberg, D.E., Kaplan, G.A., Cohen, R.D., Pukkala, E., Tuomilehto, J., y Salonen, J.T. (1996). Hopelessness and risk of mortally and incidence of myocardial infection and cancer. *Psychosomatic Medicine, 582,* 113-121.

Freemann, A., y Reinecke, M.A. (1995). *Terapia cognitiva aplicada a la conducta suicida.* Bilbao: Editorial Desclée de Brouwer.

Jenkins, C.D. (1996). While there's hope, there's life. *Psychosomatic Medicine, 58,* 122-124.

Jiménez, T.A., y González-Forteza, C. (2003). Veinticinco años de investigación sobre suicidio en la Dirección de Investigaciones Epidemiológicas y Psicosociales del Instituto Nacional de Psiquiatría Ramón de la Fuente.

Salud Mental, 26 (6), 35-46.

Kadzin, A.E., Rogers, A., y Colbus, D. (1986). The hopelessness scale for children: Psyschometric characteristics and concurrent validity. *Journal of Consulting and Clinical Psychology, 54* (2), 241-245.

Kovacs, M., Beck, A., y Weissman, A. (1975). Hopelessness: An indicator of suicidal risk. *Suicide, 5,* 98-103.

——, (1975). The use of suicidal motives in the psychotherapy of attempted suicides. *American Journal of Psychotherapy, 29,* 363-368.

MacLeod, A.K., y Byrne, A. (1996). Anxiety, depression, and the anticipation of future and negative experiences. *Journal of the Abnormal Psychology, 105* (2), 286-289.

——, Byrne, A., y Valentine, J.D. (1996). Affect, emotional disorder, and future-directed thinking. *Cognition and Emotion, 10* (1), 69-86.

Mondragón, L., Saltijeral, T., Bimbela, A., y Borges, G. (1998). La ideación suicida y su relación con la desesperanza, el abuso de drogas y el alcohol. *Salud Mental, 21* (5), 20-27.

Seligman, M.E.P. (1975). *Helplessness: On depression, development, and death.* San Francisco: Freeman.

—— (1978). Comment and intedration. *Journal of Abnormal Psychology, 87,* 165-179.

——, Abramson, L.Y., Semmel, A., y Von Baeyer, C. (1979). Depressive attributional style. *Journal of Abnormal Psychology, 88,* 242-247.

Villardón, G.L. (1993). *El pensamiento de suicidio en la adolescencia.* Bilbao: Universidad de Deusto.

Young, M.A., Fogg, L.F., Scheftner, W., Fawcett, J., Akaskal, H., y Maser, J. (1996). Stable trait components of hopelessness: Baseline and sensitivity to depression. *Journal of Abnormal Psychology, 105* (2), 155-165.

Capítulo 6

Modelo de evaluación del riesgo suicida adolescente basado en la exposición a eventos estresantes y configuraciones de personalidad

Quetzalcóatl Hernández Cervantes
Emilia Lucía Gómez-Maqueo

Suicidio adolescente en México: un problema de salud pública

El suicidio es un fenómeno de carácter multifactorial, su problemática es compleja y en México va en aumento (Mondragón *et. al.*, 1998); en el caso de la población adolescente mexicana destaca, por ejemplo, que el intento de suicidio y la muerte por suicidio se han incrementado en las últimas décadas (Mondragón *et al.*, 2001). Si además se considera que entre el 2000 y el 2020 el grupo de edad más grande de la población mexicana será el de 10 a 19 años (INEGI, 2000), adquiere aún mayor relevancia su prevención, particularmente en el entorno escolar, entre otras estrategias de intervención (Hernández y Lucio, 2006).

Aun cuando las tasas de suicidio e intento de suicidio adolescente en el país no sean de las más altas en comparación con las de otros países, no deja de ser el comportamiento suicida un problema importante de salud pública (Borges *et al.*, 1994; Híjar *et al.*, 1996). El suicidio es la cuarta causa de muerte en la población mexicana de 15 a 24 años (ss, 2000); casi cinco de cada diez personas que intentaron suicidarse contaban con una edad menor de 24 años. De acuerdo con el INEGI (2001), quienes tenían entre 15 y 19 años sobresalieron cuantitativamente entre las muertes registradas por suicidio, lo que representa 22% del total; por otra parte, de acuerdo con su edad, las personas suicidas con edades entre 15 y 39 años fueron advertidas en 1 750 casos, que significa 64% del total.

En suma, a pesar de las discrepancias y deficiencias de las diferentes fuentes de información, al igual que del subregistro de las estadísticas oficiales, se ha identificado al grupo poblacional de 15 a 24 años residente de zonas urbanas en México como el de mayor riesgo suicida (Borges *et al.*, 1994).

El riesgo suicida es dinámico en su naturaleza y se debe evaluar como una función de la ideación suicida, la planificación concreta y la disponibilidad de medios; además, el nivel de riesgo afecta la forma en que se aborda al adolescente, y determina el contenido y los procedimientos de la intervención (Kirk, 1993). Ahora bien, aunque tradicionalmente se le ha considerado como una expresión de conflictos mentales presentes y de larga duración, como la depresión, muchas veces el suicidio no está relacionado con patologías mentales declaradas, y su latencia en estos casos es más bien corta (Borges *et al.*, 1994). Por otro lado, el intento de suicidio es una conducta sumamente impactante y sus repercusiones no se hacen esperar en todas las áreas del individuo (Loza y Lucio, 1995; Loza, Lucio y Durán, 1998).

Antecedentes del modelo de riesgo suicida adolescente

Uno de los puntos importantes para el reconocimiento del potencial para el suicidio es mantener un alto nivel de alerta sobre la posibilidad de autolesión entre la población adolescente. La predicción del comportamiento suicida en cualquier momento de la vida de un individuo es extremadamente difícil. Sin embargo, es posible identificar a adolescentes que probablemente se encuentren en alto riesgo de suicidio, así como las estrategias de tratamiento necesarias para reducir dicho riesgo. Esto es fundamental cuando se trabaje con el adolescente, pues se debe aprovechar cualquier oportunidad para monitorear el estrés psicológico y las dificultades continuas que esté experimentando.

El modelo propuesto en este capítulo se vale de algunos instrumentos construidos específicamente para la población mexicana que han sido validados y que tienen una confiabilidad adecuada: el cuestionario de Sucesos de Vida para adolescentes (Lucio y Durán, 2003) y el Inventario de Riesgo Suicida para adolescentes (IRIS) (Hernández y Lucio, 2003), así como una ficha para determinar características sociodemográficas de la población evaluada. El modelo integra además los descriptores del

Inventario Multifásico de Personalidad Minnesota para adolescentes, MMPI-A, validado para población mexicana (Lucio *et al.*, 1998).

¿Por qué utilizar estos instrumentos?

Diversos autores han señalado que el suicidio es un fenómeno multifactorial. Shaffer y Pfeffer (2001) consideran que se deben tomar en cuenta los siguientes factores:

- Factores biológicos y genéticos.
- Factores sociodemográficos.
- Familia e infancia.
- Trastornos mentales.
- Intentos de suicidio previos.
- Personalidad y estilos cognoscitivos.
- Eventos de vida adversos o estresantes.

El modelo de evaluación que se propone en este capítulo se aplica a adolescentes que, aunque están en riesgo, cuentan con factores protectores como asistir en forma más o menos regular a la escuela. Se plantea en dos fases: la primera sería la de tamizaje, en la que se debe evaluar a toda la población; en ella se utilizan los dos primeros instrumentos (IRIS y Sucesos de Vida) además de la ficha sociodemográfica. Esta fase de tamizaje pretende evaluar la prevalencia del fenómeno en la población objetivo e identificar *grosso modo* a los adolescentes que están en mayor riesgo. La evaluación se plantea entonces desde una perspectiva clínico-epidemiológica.

En el modelo propuesto se incluye el instrumento de sucesos de vida porque la influencia de los sucesos estresantes de vida como detonadores de la conducta suicida entre los adolescentes se ha estudiado ampliamente (Barrera *et al.*, 1993; Farmer y Creed, 1989; Gisper *et al.*, 1985), sobre todo porque éstos contribuyen a una mejor evaluación del adolescente que ha intentado suicidarse y porque cuestiones como los sucesos estresantes que el adolescente ha vivido últimamente son fundamentales para el tratamiento clínico del suicidio (Gisper *et al.*, 1985; Marttunen *et al.*, 1994; Spirito y Overholser, 2003).

La segunda fase del modelo comprende un sistema de referencia e instrumentación del tratamiento psicológico individual o en grupo, dentro de la misma escuela o en un centro de servicios psicológicos externo. Dentro de un marco de evaluación es posible emplear el instrumento de tamizaje IRIS y el MMPI-A como mediciones *pretest-postest* para evaluar la efectividad de la intervención psicológica.

Riesgo suicida

El propósito del Inventario de Riesgo Suicida (IRIS) para adolescentes es identificar aquellos jóvenes que se encuentren en riesgo alto, medio o bajo de comportamiento suicida (Kirk, 1993) y conocer si el joven ha recibido, considera o le gustaría recibir algún tipo de atención. Este instrumento de evaluación se desarrolló con base en el modelo teórico de suicidio en niños y adolescentes propuesto por Shaffer *et al.* (2001); asimismo, se tomó en cuenta el modelo de identificación y evaluación de riesgo suicida de Kirk (1993), quien propone una intervención en la escuela.

El IRIS tiene dos versiones; en su primera versión, IRIS es un cuestionario de 75 reactivos que examina las áreas de: ideación, planeación e intención suicida, satisfacción en la vida, dificultades en la escuela e interpersonales, signos de alerta, malestar personal psicológico y desesperanza. El cuestionario en esta versión de uso clínico consta de dos partes: la primera de 40 reactivos tipo Likert y la segunda de 35 reactivos dicotómicos. El tiempo promedio de aplicación es de 15 minutos.

En el estudio de validación con esta primera versión del IRIS se obtuvieron ocho factores que explican el 56% de la varianza. El alfa de Cronbach de la primera parte resultó de 0.90 y el de la segunda 0.92; una vez obtenida la estructura factorial y la confiabilidad del instrumento, se realizó un primer estudio para evaluar la relación entre dos variables comúnmente encontradas en el estudio del riesgo suicida: sucesos estresantes de vida y riesgo suicida en un grupo de adolescentes estudiantes (Hernández y Lucio, 2006). En este primer estudio participaron 353 adolescentes, de los cuales 47.5% eran hombres y 52.5% mujeres.

La correlación más alta se encontró entre el área personal negativa de Sucesos de Vida y las áreas de dificultades interpersonales y malestar personal del IRIS. Todas las correlaciones observadas estuvieron en la dirección esperada. También se observó una correlación elevada entre área familiar, ideación suicida y malestar personal. Los resultados de este estudio indican que, al aumentar el número de sucesos estresantes reportados por los jóvenes, el riesgo suicida aumenta. Fue de llamar la atención que los sucesos mayormente asociados con la ideación suicida fueron los familiares y personales.

La segunda versión del IRIS, a la que nos referimos principalmente en este capítulo, incluye 24 reactivos tipo Likert. Esta versión fue validada con 555 estudiantes (x = 13.3; de = .85). Además de un índice de malestar psicológico asociado al riesgo suicida, esta segunda versión consta de tres factores (varianza explicada de 57.6% y un alfa de Cronbach de .95):

- Ideación e intencionalidad suicidas.
- Desesperanza y depresión.
- Ausencia de circunstancias protectoras.

Esta escala obtuvo una validez concurrente aceptable con la Escala Beck de Ideación Suicida (González-Macip *et al.*, 2000) y la subescala de ideación suicida del MMPI-A (Lucio *et al.*, 2000). Respecto de la validez convergente con Sucesos de Vida para adolescentes (Lucio y Durán, 2003), los resultados son igualmente satisfactorios.

Sucesos de vida estresantes

En su revisión, Gould *et al.* (2003) señalan que los sucesos de vida estresantes son uno de los diferentes factores de riesgo para el suicidio adolescente reportados en la literatura científica al respecto. Los estresores cotidianos, tales como las pérdidas interpersonales (por ejemplo, rompimiento con la pareja), al igual que los problemas legales o de conducta, se asocian con el suicidio adolescente consumado (Beautrais, 2001; Brent *et al.*, 1993; Gould *et al.*, 1996; Marttunen *et al.*, 1993; Rich *et al.*, 1988), así como con el intento de suicidio (Beautrais *et al.*, 1997; Fergusson *et al.*, 2000; Lewinsohn *et al.*, 1996), aun después de sopesar otros factores de riesgo como la psicopatología (Brent *et al.*, 1993; Gould *et al.*, 1996) u otros factores antecedentes de tipo social, familiar o personal (Beautrais *et al.*, 1997).

La prevalencia de estresores específicos entre víctimas de suicidio varía de acuerdo con la edad: el conflicto padre-hijo es un precipitante común entre los adolescentes suicidas más jóvenes, mientras que las dificultades románticas son más comunes en los adolescentes mayores (Brent *et al.*, 1999; Groholt *et al.*, 1998), las crisis legales o disciplinarias son más frecuentes en las víctimas con trastornos disruptivos (Brent *et al.*, 1993; Gould *et al.*, 1996), así como los trastornos por abuso de sustancias (Brent *et al.*, 1993). El abuso en la escuela (victimización o *bullying*, en inglés), ya sea como víctima o como perpetrador, ha demostrado recientemente que aumenta el riesgo de ideación suicida (Kaltiala-Heino *et al.*, 1999).

Lucio, Loza y Durán (2000) reportan que el suceso estresante previo al intento suicida más reportado fue el de dificultades principalmente con la madre, dentro del área familiar del Inventario de Sucesos de Vida (Lucio y Durán, 2003), en concordancia con lo encontrado por estudios que también evalúan el impacto de los sucesos estresantes y su relación con el intento de suicidio (De Wilde y Kienhorst, 1992). Los eventos de vida estresantes o adversos pueden disparar un acto suicida, aunque esta asociación ocurra probablemente solamente entre individuos que poseen vulnerabilidad al suicidio (Spirito y Overholser, 2003). En general, los eventos que se han asociado al acto suicida pueden ser percibidos por la persona como un reflejo de su pérdida, humillación, vergüenza o fracaso. El suceso estresante en sí funciona entonces como un disparador que empuja al individuo hacia el comportamiento suicida en un intento desesperado por enfrentar estas reacciones emocionales intensas.

Huff (1999) señala que el número de sucesos estresantes de vida reportados por 335 estudiantes de secundaria y preparatoria explicaba 80% de la varianza en la ideación suicida; asimismo, encontró que muchos de los estresores más comunes involucraban conflictos con los padres o hermanos. En un estudio similar con 272 estudiantes de secundaria y preparatoria (Rubenstein *et al.*, 1998), el riesgo suicida se encontraba altamente relacionado con las puntuaciones obtenidas de estrés por eventos de vida; aquellos adolescentes que reportaron haber atentado contra su vida en el año previo obtuvieron puntuaciones de estrés 62% más altas que las de sus compañeros no suicidas. Estos autores también señalan que los eventos estresantes de vida deben ser evaluados como disparadores potenciales para pensamientos y actos suicidas entre la población adolescente.

Lucio, Loza y Durán (2000) reportan en un grupo mexicano de adolescentes que el suceso previo al intento suicida más reportado fue el de desacuerdos con la madre. Adams y Adams (1991) encontraron que la presencia de estrés de vida negativo puede ser un factor de riesgo no específico que incrementa el malestar emocional general, o específicamente la depresión, que a su vez puede preceder el comportamiento suicida.

El cuestionario de Sucesos de Vida es un instrumento de autorreporte que consta de 129 reactivos y una pregunta abierta. Las áreas que incluye son: *a)* Familiar, *b)* Social *c)* Personal, *d)* Salud, *e)* Logros y fracasos, *f)* Escolar, y *g)* Problemas de conducta. Este cuestionario mostró una confiabilidad de .89 en el estudio de estandarización del instrumento. Cuenta además con normas adecuadas para la población mexicana y diversos estudios que indican una validez adecuada (Lucio y Durán, 2003; Lucio *et al.*, 2004). El tiempo promedio de aplicación del instrumento es de 45 minutos. El cuestionario incluye no sólo la lista de sucesos sino la evaluación que el adolescente hace de los mismos, pues se le pregunta si le ocurrió el suceso y si fue positivo, negativo o indiferente para él.

El área Familiar se refiere a sucesos que ocurren dentro de la dinámica de la familia tanto nuclear como extensa del adolescente. Abarca también sucesos relacionados con la comunicación y formas de interacción de los miembros de la familia con el joven; explora sucesos tales como divorcios, enfermedades, conflictos y problemas. El área Social pretende investigar sucesos que tienen que ver con las pautas de interrelación del adolescente con otras personas fuera de su ambiente familiar y escolar; investiga los roles que desempeña el adolescente en los grupos. El área Personal se refiere a los eventos que se relacionan con la vida emocional y sexual del adolescente, con sus pasatiempos, cambios físicos y psicológicos. El área de Problemas de conducta se refiere a situaciones que involucran problemas con las autoridades y violación de normas, así como sus consecuencias; involucra desde normas que se refieren a la escuela, hasta las que implican problemas legales. El área de Logros y fracasos explora el alcance o no de metas del adolescente en diferentes actividades y áreas de su vida así como pérdidas materiales. El área de Salud incluye situaciones de la vida del adolescente relacionadas con sus hábitos e higiene personal, y la manera en que éstos afectan su salud. El área Escolar se refiere a sucesos de vida dentro del contexto escolar en que se desenvuelve el adolescente y que tienen que ver con su desempeño académico y su relación con maestros y compañeros.

El cuestionario reúne sucesos positivos de vida con sucesos negativos mediante un peso diferente. Para su construcción se conjugaron diversas metodologías. Por una parte, se revisaron las listas anteriores sobre sucesos estresantes que habían dado algún resultado en la evaluación de adolescentes; y, por otra, se tomó el punto de vista del adolescente al solicitársele que diera una lista de los sucesos buenos y malos más relevantes vividos por él en el último año. De igual manera, se incluyó el punto de vista de expertos en adolescencia y evaluación para analizar si los sucesos enlistados eran efectivamente relevantes para el adolescente.

La muestra normativa inicial estuvo compuesta por 1 571 adolescentes que pertenecían a diversas zonas geográficas y a diferentes tipos de escuelas del Distrito Federal. Fueron excluidos 324, quedando conformada por 1 247 adolescentes, 514 (41.2%) hombres y 733 (58.8%) mujeres, entre 13 y 18 años de edad (promedio 15.24); 47.2% de escuelas de enseñanza media (secundaria), 52.8% media superior (preparatoria o bachillerato), 47.6% de instituciones públicas y 52.4% de particulares del área metropolitana o conurbada del Distrito Federal.

Se recabó además una muestra clínica, para lo cual se acudió a las mismas escuelas y algunos centros de atención. La aplicación a esta muestra fue en forma individual o en grupos pequeños. La comparación entre la muestra clínica y la normal permitió obtener la validez discriminante del instrumento. Se realizó también un estudio de *test-retest* para obtener la confiabilidad del cuestionario de Sucesos de Vida. Los sucesos se califican de acuerdo con su peso dentro del área a al que pertenecen y finalmente se obtiene un perfil, que permite ubicar cuáles son las áreas en donde el adolescente ha sufrido un mayor estrés en el último año, además de cuál es el área en donde ha experimentado mayores sucesos positivos que podrían estar en relación con sus recursos de afrontamiento. La pregunta abierta tiene la finalidad de evaluar someramente el estilo de afrontamiento del joven.

Personalidad

La información de los perfiles que aquí se presentan tiene como fin ser fuente de hipótesis respecto del grupo evaluado y en buena parte se basan en los parámetros con los que se hacen estas interpretaciones asociadas a combinaciones de datos estadísticos y clínicos de la literatura científica del MMPI y del MMPI-A (Archer, 2005; Butcher y Williams, 2000; Lucio *et al.*, 1998, 2002). Se tomó en consideración en buena parte también el sistema interpretativo del MMPI-A desarrollado por Archer (2000) con adolescentes de 12 a 18 años. Respecto de la comparación entre el grupo de hombres y mujeres, las únicas diferencias estadísticamente significativas entre el perfil masculino y femenino se encontraron en la escala de inconsistencia de las respuestas variables, INVAR ($t = 2.63$, p < .05) y desviación psicopática, *4 Dp* ($t = -2.62$, p < .05).

El perfil femenino de los 52 casos identificados en riesgo alto o medio (Hernández y Lucio, 2006) corresponde a adolescentes que se sienten abrumadas por sus dificultades y que comúnmente buscan apoyo psicológico:

- Se les puede describir como enojadas, resentidas y conflictivas.
- Frecuentemente presentan conflictos con los padres.
- Están deprimidas, se sienten insatisfechas y son autodespreciativas e impulsivas.
- Tienen poca tolerancia a la frustración y el aburrimiento.
- Experimentan tensión y nerviosismo; son aprehensivas.

El perfil masculino de los 20 casos identificados y evaluados en riesgo alto o medio corresponde a adolescentes con problemas de conducta importantes así como con síntomas psicopatológicos:

- Tienen historias de ajuste social pobre así como de inadecuación social.
- Presentan dificultades académicas importantes.
- Frecuentemente reportan preocupaciones somáticas, presentándose a sí mismos como enfermos físicamente.
- Son impulsivos y muestran diversas conductas autodestructivas.
- En general se sienten alienados y aislados; su pobre control del enojo puede contribuir a un distanciamiento mayor.

Perfil de las mujeres en riesgo suicida

En las mujeres se encontraron dos tipos de código: 4-6/6-4 y 4-1/1-4. Las adolescentes con la primera combinación pueden describirse como enojadas, resentidas y argumentativas. Algunas de ellas son referidas a consulta por presentar síntomas que incluyen actitudes desafiantes, desobediencia y negativismo. Las adolescentes con este tipo de código frecuentemente plantean demandas excesivas de atención, afecto y simpatía; al mismo tiempo, les molestan las demandas que otros les hacen en sus relaciones interpersonales, por mínimas que sean. Pueden ser también suspicaces y desconfiadas de los motivos de los demás, por lo que evitan involucrarse emocionalmente en forma prolongada. Pueden presentar poca introspección sobre sus dificultades psicológicas y sus conductas frecuentemente resultan en rechazo y enojo de los otros. Con frecuencia tienden a culpar a los demás de lo que les pasa y tienen dificultades marcadas para manejar su enojo y agresión.

Asimismo, en este grupo las puntuaciones elevadas en la escala de inmadurez (INM-A) sugieren que estas adolescentes son inmaduras, que fácilmente se frustran; son además impacientes, desafiantes y egocéntricas. Las adolescentes con el tipo de código 4-6/6-4 pueden presentar además grandes discrepancias en la forma que se perciben a sí mismas y el modo en que son percibidas por los otros. Habitualmente, estas chicas son referidas a psicoterapia como resultado de conflictos recurrentes con los padres y que eventualmente pueden constituirse como peleas crónicas e intensas. Más aún, típicamente no controlan sus impulsos y actúan sin pensar suficientemente bien las cosas. Los problemas con figuras de autoridad también son prevalentes entre estas adolescentes por lo que se les describe como provocadoras. Puede también haber antecedentes de uso de drogas.

De acuerdo con Archer (2000), se han asociado a este tipo de código diagnósticos (DSM-IV) de trastorno de la personalidad (301.XX), que circunscriben rasgos paranoides (301.0), antisociales (301.7) y narcisistas (301.81); otros diagnósticos asociados con este tipo de código incluyen los trastornos desafiante-oposicionista (313.81) y de conducta (312.8). Los mecanismos de defensa usualmente empleados son la negación, la proyección, la racionalización y el *acting-out*. Estas adolescentes tienden a evadir la responsabilidad por su comportamiento; son difíciles de motivar dentro de la psicoterapia y les toma tiempo desarrollar relaciones terapéuticas. Las modalidades de tratamiento indicadas para este grupo de adolescentes son individual, familiar y de grupo. Dentro de las metas terapéuticas principales para ellas estarían el control del *acting-out* así como el desarrollo de la confianza en las relaciones interpersonales.

Las adolescentes que presenta el segundo código, 1-4/1-1, pueden mostrarse como defensivas, negativas, resentidas, pesimistas y cínicas. El

comportamiento de la adolescente con este tipo de código es tradicionalmente desafiante, desobediente y provocador, por lo que frecuentemente presentan conflictos con los padres. En general, las adolescentes
con esta combinación no se quedan calladas, son oposicionistas, ensi-
mismadas e inmaduras en sus relaciones interpersonales. A pesar de que
recurren al *acting-out* como mecanismo de defensa, no es común en ellas
el uso de sustancias.

Los diagnósticos psiquiátricos asociados con esta combinación, de
acuerdo con Archer, incluyen hipocondriasis (300.7) y, como en el caso
del tipo de código anterior, trastorno desafiante-oposicionista (313.81)
o trastorno de conducta (312.8). Dentro de los mecanismos de defensa
más usados se encuentran la somatización y conductas pasivo-agresivas.
Los terapeutas habitualmente ven a estas adolescentes poco motivadas
para la psicoterapia, lo que se expresa comúnmente en superficialidad e
inconstancia. Dada la frecuencia de los conflictos con los padres u otros
miembros de la familia, se sugiere considerar una forma combinada de
psicoterapia individual y familiar.

Perfil de los hombres en riesgo suicida

Respecto de los hombres, se encontraron también dos tipos de código:
1-8/8-1 y 1-6/6-1. Los adolescentes que presentan el primer tipo generalmente refieren preocupaciones somáticas, como cefáleas o insomnio; pueden además sentirse constantemente enfermos. La elevación de
la escala de preocupación por la salud (SAU-A) en este grupo indica que
estos varones se sienten enfermos y están preocupados por su salud;
de hecho, estos adolescentes pueden reportar una mayor frecuencia de
padecimientos serios durante la niñez. Frecuentemente se encuentran
antecedentes de adaptación social limitada así como de inadecuación
social, o bien dificultades para formar y mantener relaciones interpersonales. Existe evidencia de que los adolescentes con este tipo de código
exhiben problemas para concentrarse o dificultades en procesos cognoscitivos, donde incluso puede haber síntomas de pensamiento delirante.
Se observa igualmente una tendencia a percibirse como olvidadizos y
también a distraerse fácilmente. Generalmente tienen problemas en el
ámbito académico y presentan un rendimiento escolar sustancialmente
menor al promedio.

Estos adolescentes también muestran dificultades por impulsividad y conductas autodestructivas, por lo que hay una probabilidad mayor tanto de intentos de suicidio como de uso de sustancias. Frecuentemente existen antecedentes de conflicto padre/madre-adolescente y una mayor probabilidad de divorcio de los padres. En general, estos adolescentes se sienten alienados y aislados de los demás; su pobre control sobre el enojo puede contribuir a exacerbar estos dos aspectos.

Según Archer (2000), se han asociado diferentes diagnósticos psiquiátricos a este tipo de código, incluyendo el trastorno somatoforme (300.81), hipocondriasis (300.7), trastornos de personalidad esquizoide (301.20), esquizotípica (301.22) y esquizofrénica (295.X0). El mecanismo de defensa típicamente empleado es la somatización. Respecto de las modalidades de psicoterapia recomendada para adolescentes con este tipo de código están las de tipo individual, familiar y de grupo. Asimismo, se debe evaluar la necesidad de medidas preventivas para conductas suicidas y uso de substancias; finalmente, dependiendo de la sintomatología esquizofrénica, debe evaluarse la necesidad de antipsicóticos.

Por otro lado, el tipo de código 1-6/6-1 es poco común aun en escenarios clínicos y se ha hecho relativamente poca investigación respecto de los descriptores para adultos o adolescentes con este tipo de código. Mientras que esta combinación se ha asociado con la ocurrencia de sintomatología hipocondriaca en adultos, estas características no se han encontrado tan frecuentemente entre adolescentes con tal tipo de código.

Los adolescentes con esta combinación son comúnmente referidos a psicoterapia por un excesivo control emocional; son descritos por otros como evasivos, defensivos y temerosos de involucrarse emocionalmente con otros. Una proporción importante de tales adolescentes proviene de hogares sin padre o con una figura paterna ausente, o bien han experimentado rechazo o distanciamiento de la figura paterna. Igualmente, pueden expresar enojo intenso incluyendo brotes violentos hacia las figuras parentales.

Los diagnósticos psiquiátricos asociados a este tipo de código, de acuerdo con Archer, incluyen el trastorno delirante (297.10) y los trastornos de personalidad paranoide (301.00) o esquizoide (301.20). La elevada frecuencia del conflicto parental usualmente lleva a subestimar la importancia de la intervención psicológica familiar en el tratamiento integral de estos adolescentes. La meta terapéutica sugerida a corto plazo sería establecer en ellos la capacidad de confiar en otros y, por lo tanto, contribuir a mejorar las relaciones interpersonales. Adicionalmente, estos chicos son vistos como egocéntricos, para quienes el mecanismo de defensa más ampliamente utilizado es la racionalización. Al igual que con el tipo de código anterior, existen datos que sugieren un alto riesgo suicida asociado.

Aplicación del modelo en escuelas secundarias públicas

Mediante el modelo de evaluación del riesgo suicida adolescente que este capítulo aborda, a continuación se presentan los datos de prevalencia para ideación, planeación e intento de suicidio de una secundaria pública del sur de la ciudad de México y así focalizar el fenómeno suicida adolescente como problema de salud pública, como se ha discutido en la sección anterior. Cabe destacar que tales indicadores son similares a los encontrados en otras secundarias públicas de la zona metropolitana donde se ha probado este modelo (Hernández y Lucio, 2006) y comparables, por ejemplo, con los resultados de las encuestas de estudiantes de secundarias y preparatorias del Distrito Federal realizadas por Medina-Mora *et al.* (2003).

Mediante el tamizaje a 482 alumnos de secundaria ($X = 13.05$; $DE = 0.95$) con el IRIS (Hernández y Lucio, 2003), se detectaron 83 alumnos (17.2%) que presentaban algún nivel de riesgo suicida (alto, medio y bajo, de acuerdo con la clasificación de Kirk, 1993). Para la ideación suicida, la prevalencia fue de 14.7%, siendo mayor entre las mujeres (18.6%) que entre los hombres (10.6%). Respecto de la planeación suicida, 11.2% de los alumnos encuestados reportó uno o más planes para quitarse la vida. Al igual que con la ideación suicida, la prevalencia fue mayor para las mujeres (14.2%) que para los hombres (8.1%). Finalmente, para el intento de suicidio, 11.2% de los adolescentes reportó uno o más intentos; la prevalencia entre los hombres fue de 8.9%, mientras que para las mujeres fue de 13.6%. En general, la probabilidad de alguno de estos tres indicadores de riesgo suicida fue dos veces mayor entre las mujeres que entre los hombres, particularmente en el rubro de la ideación.

Como se mencionó, este modelo de evaluación emerge de una perspectiva clínico-epidemiológica. Hasta ahora se ha presentado su utilidad en el campo de la estimación del riesgo suicida en población estudiantil, por lo que a continuación exponemos el uso del modelo dentro de la dimensión clínica mediante un caso.

Después de la identificación de alumnos en riesgo se procedió al contacto con este grupo de adolescentes para la referencia a la intervención psicológica grupal (Corder, 1994; Finn, 1996; The Samaritans, 2001). El caso corresponde a una chica de 13 años, alumna de primer grado de secundaria, que asistió a casi todas las sesiones del tratamiento psicológico (figura 1).

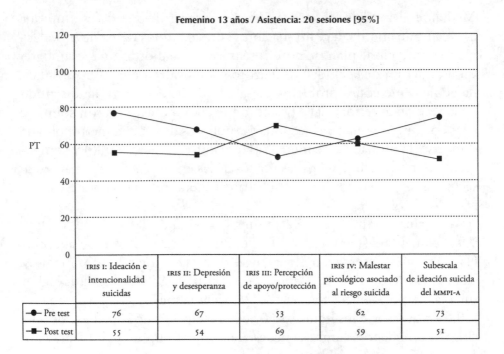

Figura 1. Perfil de riesgo suicida adolescente para estudio de caso.

Esta adolescente fue integrada al grupo en riesgo porque, de acuerdo con el IRIS, reportó un intento previo de suicidio (intoxicación con pastillas varias en su casa, sin haber ameritado hospitalización), así como una alta frecuencia en ideación y planeación suicidas (casi siempre en los últimos seis meses); de acuerdo con el sistema de identificación y priorización del IRIS, esta chica presentaba un nivel alto de riesgo suicida. La evaluación de los sucesos de vida estresantes mostró elevaciones en las puntuaciones de las áreas de Salud positiva (T61) y negativa (T62), Familiar negativa (T64) y Personal negativa (T75). Como ejemplos de sucesos reportados estaban el uso de sustancias, al igual que dificultades con la familia y en las relaciones interpersonales. Dentro de la terapia expuso que los eventos que más le afectaban (y que se asociaban a la ideación suicida) estaban la comparación con las hermanas, la mala relación con su padrastro, las bajas expectativas en el rendimiento académico y el uso o experimentación con el alcohol para afrontar las emociones generadas.

En el área de la personalidad, las principales elevaciones del MMPI-A están en la subescala de ideación suicida (T73), la escala 2 Depresión (T65), la 4 Desviación psicopática (T65), la 6 Paranoia (T73), la 7 Psicastenia (T63), la 8 Esquizofrenia (T70), y la 0 Introversión social (T69).

Las puntuaciones en el *postest* indican que las áreas más sensibles a la intervención psicológica grupal fueron la ideación e intencionalidad suicidas evaluadas con el IRIS (de T76 a T55) y con la subescala del MMPI-A (de T73 a T51), mientras que dentro de la subescala 3 del IRIS (percepción de apoyo) hubo un aumento posterior al tratamiento (de T53 a T69; vea figura 1). Este hallazgo puede explicarse en parte con base en la exploración realista de los recursos externos y el contexto de la adolescente durante la intervención psicológica en el sentido de darse cuenta de que la estructura familiar no cambiaría (la situación parental madre-padrastro), o que por ejemplo la comparación con las hermanas no cesaría tan fácilmente.

Conclusiones

- El modelo de identificación y tratamiento del riesgo suicida para adolescentes estudiantes propuesto en este capítulo ha resultado útil y confiable en su instrumentación dentro de escuelas secundarias públicas de la ciudad de México.
- El IRIS (Hernández y Lucio, 2003) ha demostrado ser válido y confiable en la identificación de adolescentes estudiantes en riesgo suicida dentro de un programa de tamizaje (*screening*) para escuelas secundarias.
- Dentro de este modelo de evaluación del riesgo suicida y otros problemas emocionales, el IRIS se complementa efectivamente con

los datos proporcionados por el cuestionario de Sucesos de Vida para Adolescentes (Lucio y Durán, 2003) y el Inventario Multifásico de la Personalidad Minnesota para Adolescentes MMPI-A (Lucio *et al.*, 1998).

- Este modelo clínico de evaluación puede servir como fundamento para una estrategia de intervención bifásica (tamizaje y tratamiento) cuyo propósito sea la reducción del riesgo suicida dentro de escenarios escolares de nivel medio y medio superior a través de una modalidad psicoterapéutica grupal basada en la evaluación colaborativa (CDC, 1992; Corder, 1994; Finn, 1996).

Bibliografía

Adams, M., y Adams, J. (1991). Life events, depression, and perceived problem-solving alternatives in adolescents. *Journal of Child Psychology and Psychiatry*, *32*, 811-820.

Archer, R.P. (2000). *MMPI-A: A interpretive system*. Estados Unidos: Psychological Assessment Resources.

—— (2005). *MMPI-A: Assessing adolescent psychopathology*. Estados Unidos: Lawrence Erlbaum.

Barrera, A., Gómez, A., Jaar, E., Núñez, C., Orellana, G., y Lolas, F. (1993). Percibirse sin apoyo social predispone al intento suicida. *Anales de Salud Mental*, *9*, 75-81.

Beautrais, A.L. (2001). Child and young adolescent suicide in New Zealand. *Australian and New Zealand Journal of Psychiatry*, *35*, 647-653.

——, Joyce, P.R., y Mulder, R.T. (1997). Precipitating factors and life events in serious suicide attempts among youths aged 13 through 24 years. *Journal of the American Academy of Child & Adolescent Psychiatry*, *36*, 1543-1551.

Borges, G., Rosovsky, H., Caballero, M.A., y Gómez, C. (1994). Evolución reciente del suicidio en México: 1970-1991. *Instituto Mexicano de Psiquiatría, Anales*, *5*, 15-21.

Brent, D.A., Perper, J.A., Moritz, G., Baugher, M., Roth, C., Balach, L., y Schweers, J. (1993). Stressful life events, psychopathology and adolescent suicide: a case control study. *Suicide & Life-Threatening Behavior*, *23* (3), 179-187.

——, Baugher, M., Bridge, J., Chen, T., y Chiappetta, L. (1999). Age- and sex-related risk factors for adolescent suicide. *Journal of the American Academy of Child & Adolescent Psychiatry*, *38*, 1497-1505.

Butcher, J.N, y Williams, C.L. (2000). *Essentials of MMPI-2 and MMPI-A interpretation*. Minneápolis: University of Minnesota Press.

Centers for Disease Control and Prevention (1992). *Youth suicide prevention programs: A resource guide*. Estados Unidos: CDC.

Corder, B.F. (1994). *Structured adolescent psychotherapy groups*. Estados Unidos: Professional Resource Press.

De Wilde, E., y Kienhorst, I. (1992). The relationship between adolescent suicidal behavior and life events in childhood and adolescence. *American Journal of Psychiatry*, *149*, 45-51.

Farmer, R., y Creed, F. (1989). Life events and hostility in self-poisoning. *British Journal of Psychiatry*, *154*, 390-395

Fergusson, D.M., Woodward, L.J., y Horwood, L.J. (2000). Risk factors and life processes associated with the onset of suicidal behaviour during adolescence and early adulthood. *Psychological Medicine, 30,* 23-39.

Finn, S.E. (1996). *Using the MMPI-2 as a therapeutic intervention.* Minneápolis: University of Minnesota Press.

Gisper, M., Wheeler, K., Marsh, L., y Davis, M. (1985). Suicidal adolescents: Factors in evaluation. *Adolescence, 20,* 753-762.

González-Macip, S., Díaz, A., Ortiz, S., González-Forteza, C., y González-Núñez, J.J. (2000). Características psicométricas de la Escala de Ideación Suicida de Beck (ISB) en estudiantes universitarios de la ciudad de México. *Salud Mental, 23* (2), 21-30.

Gould, M.S., Fisher, P., Parides, M., Flory, M., y Shaffer, D. (1996). Psychosocial risk factors of child and adolescent completed suicide. *Archives of General Psychiatry, 53,* 1155-1162.

——, Greenberg, T., Velting, D.M., y Shaffer, D. (2003). Youth suicide risk and preventive interventions: A review of the past 10 years. *Journal of the American Academy of Child & Adolescent Psychiatry, 42,* 386-405.

Hernández, Q., y Lucio, E. (2003, julio). Detección del riesgo suicida en adolescentes mexicanos. Trabajo presentado en el IV Congreso Iberoamericano de Evaluación Psicológica, Lima, Perú.

—— (2006). *Estrategia de intervención para adolescentes en riesgo suicida.* Tesis doctoral no publicada. México: UNAM. Facultad de Psicología.

Híjar, M., Rascón, R., Blanco, J., y López, M. (1996). Los suicidios en México. Características sexuales y geográficas (1979-1993). *Salud Mental, 19* (4), 14-21.

Huff, C. (1999). Source, recency, and degree of stress in adolescence and suicide ideation. *Adolescence, 34,* 81-89.

Instituto Nacional de Estadística, Geografía e Informática. (2000). *XII Censo Nacional de Población y Vivienda.* México: INEGI.

——. (2001). *Estadísticas de intentos de suicidio y suicidios.* Cuaderno núm. 7. México: INEGI.

Kaltiala-Heino, R., Rimpela, M., Marttunen, M., Rimpela, A., y Rantanen, P. (1999). Bullying, depression, and suicidal ideation in Finnish adolescents: school survey. *British Medical Journal, 319,* 348-351.

Kirk, W.G. (1993). *Adolescent suicide: A school-based approach to assessment & intervention.* Champaign: Research Press.

Lewinsohn, P.M., Rohde, P., y Seeley, J.R. (1996). Adolescent suicidal ideation and attempts: Prevalence, risk factors, and clinical implications. *Clini-*

cal Psychology: Science & Practice, 3, 25-36.

Loza, G. y Lucio, E. (1995). *Estudio de las características del paciente con conducta suicida, usuario del sistema de apoyo psicológico por teléfono (Sapatel).* Tesis de licenciatura no publicada. Facultad de Psicología, UNAM, México.

Loza, G., Lucio, E., y Durán, C. (1998). Comparación entre la personalidad del adolescente con intento suicida y sin intento suicida. *La Psicología Social en México VII,* 80-85.

Lucio, E., Ampudia, A., y Durán, C. (1998). MMPI-A: *Manual para la aplicación y calificación.* México: Manual Moderno.

——, Duran, C., Graham, J.R., y Ben-Porath, Y.S. (2002). Identifying faking bad on the Minnesota Multiphasic Personality Inventory-Adolescent with Mexican adolescents. *Assessment, 9* (1), 62-69.

—— y Durán, C. (2003). *Cuestionario de Sucesos de Vida versión Adolescentes.* México: Manual Moderno.

Lucio, E., Loza, G., y Durán, C. (2000). Los sucesos de vida estresantes y la personalidad de adolescentes con intento suicida. *Psicología Contemporánea, 7* (2), 58-65.

——, Pérez y Farías, J.M., y Durán, C. (2004). Validez concurrente entre el Inventario Multifásico de la Personalidad de Minnesota-Adolescentes y el Cuestionario de Sucesos de Vida. *Psicología y Salud, 14* (2), 155-163.

Marttunen, M.J., Aro, H.M., y Lonnqvist, J.K. (1993). Precipitant stressors in adolescent suicide. *Journal of the American Academy of Child & Adolescent Psychiatry, 32,* 1178-1183.

——, Henrikksson, M.M., y Lonnqvist, J.K. (1994). Psychosocial stressors more common in adolescent suicides with alcohol abuse compared with depressive adolescent suicides. *Journal of the American Academy of Child & Adolescent Psychiatry, 33,* 490-497.

Medina-Mora, M.E., Cravioto, P., Villatoro, J., Fleiz, C., Galván-Castillo, F., y Tapia-Conyer, R. (2003). Consumo de drogas entre adolescentes: Resultados de la Encuesta Nacional de Adicciones, 1998. *Salud Pública de México, 45* (1), S16-S25.

Mondragón, L., Borges, G., y Gutiérrez, R. (2001). La medición de la conducta suicida en México: Estimaciones y procedimientos. *Salud Mental, 24* (6), 4-15.

——, Saltijeral, M.T., Bimbela, A., y Borges, G. (1998). La ideación suicida y su relación con la desesperanza, el abuso de drogas y alcohol. *Salud Mental, 21* (5), 20-27.

Rich, C.L., Fowler, R.C., Fogarty, L.A., y Young, D. (1988). San Diego Suicide Study, III: Relationships between diagnoses and stressors. *Archives of General Psychiatry, 45,* 589-592.

Rubenstein, J.L., Halton, A., Kasten, L., Rubin, C., y Stechler, G. (1998). Suicidal behavior in adolescents: Stress and protection in different family contexts. *American Journal of Orthopsychiatry, 68,* 274-284.

Samaritans, The (2001). *Helping you helping young people: The Samaritans youth.* Pack, Reino Unido: The Samaritans Organization. Disponible en Internet (consultado el 14/07/05): http://www.samaritans.org.uk/

Secretaría de Salud (2000). *Principales causas de mortalidad en población de 15 a 24 años.* Cuadros de mortalidad disponibles en Internet (consultado el 7/06/05): www.salud.gob.mx

Shaffer, D., y Pfeffer, C.R., Work Group on Quality Issues (Bernet, W., Chair) (2001). Practice parameters for the assessment and treatment of children and adolescents with suicidal behavior. *Journal of the American Academy of Child and Adolescent Psychiatry, 40* (7), julio, 24S-51S.

Spirito, A., y Overholser, J.C. (2003). *Evaluating and treating adolescent suicide attempters: From research to practice.* Nueva York: Academic Press.

Capítulo 7

El suicidio en el adolescente: sus contextos familiar y social

Isabel Valadez Figueroa
Raúl Amezcua Fernández
Noé González Gallegos

Suicidio en el adolescente

Al hablar del suicidio del adolescente debemos considerarlo como un tema complejo, ya que inciden en él dos aspectos difíciles de manejar: el suicidio y el adolescente. El comportamiento suicida entre adolescentes puede entenderse como un espectro que abarca, en primer lugar, las ideas y deseos suicidas;[1] en segundo, las conductas suicidas sin resultado de muerte (intentos o tentativas de suicidio). Estas conductas hacen referencia a una acción orientada a provocar la propia muerte, que no logra su objetivo. Finalmente, están los suicidios consumados o completados, que son el resultado directo o indirecto de comportamientos ejecutados por la propia víctima, la cual es conciente de la meta a lograr (Pfeffer, 1991). En este marco de ideas, podemos decir que el suicidio es el que se refiere al fin de la vida, que resulta de un acto que se ejerce sobre sí mismo, sabiendo que el resultado es la muerte y que es precisamente lo que se quiere obtener. De tal suerte que el comportamiento suicida hace referencia a las acciones concretas realizadas por quien está pensando o preparándose para provocar su propia muerte.

---

[1] Contenidos en el término *ideación suicida*, que hace referencia a ideas de cometer suicidio o el deseo de quitarse la propia vida, a los procesos cognitivos y afectivos que varían desde sentimientos sobre la falta de sentido de la vida hasta la existencia de preocupaciones sistemáticas y delirantes referidas a la autodestrucción.

La adolescencia: una etapa difícil
y de numerosos cambios

La adolescencia se suele asociar con el inicio de las transformaciones biológicas y fisiológicas de la pubertad. Estos cambios y transformaciones de orden biológico no son los únicos que el adolescente experimenta, ya que también se producen en las dimensiones psicológica y social, siendo algunos más evidentes y contrastantes que otros. Por lo común, en los y las adolescentes se producen cambios referidos a la adaptación e integración del nuevo cuerpo, al desarrollo del pensamiento y juicio crítico, la reestructuración de la identidad y la anticipación de un futuro a través de la construcción de un proyecto de vida. El objetivo primordial de la fase adolescente es la consecución de una identidad total del yo, es decir, la identidad de reconocerse a sí mismo a través de todas las transformaciones sufridas, que no constituye una posesión, sino que es un proceso dinámico y raramente unívoco, que integra las dimensiones biológica, psicológica y social. Dentro de esta identidad total, la identidad sexual y la identidad de género (ambas relativas a la dimensión psicosexual de los seres humanos) son dos elementos constituyentes de fundamental importancia en la personalidad de las y los sujetos. La identidad sexual debe entenderse como la parte de la identidad total del individuo que posibilita a cada persona reconocerse, asumirse y actuar como un ser sexual y sexuado. Esta identidad sexual permite la aclaración de las representaciones y sentimientos que una persona tiene en relación con el otro y con el mismo sexo, facilitando, por una parte, la diferenciación y ubicación sexual que cada uno de nosotros hace según seamos hombre o mujer, y por otra, la definición de conductas sexuales referidas tanto a sí mismo como a los otros. Este comportamiento sexual se encuentra determinado por factores de orden psicosexual y depende de los sistemas de restricciones, normas y expectativas del rol asignado en forma diferencial a los hombres y las mujeres, lo que nos lleva al concepto de identidad de género, entendido como la "forma en que la gente siente su individualidad como hombres y mujeres, incluyendo ambivalencia en sus propias percepciones" (Krauskopf, 1997).

En esta corriente de cambios en el adolescente es necesario realizar dos consideraciones para entender de mejor forma el desarrollo psicosocial. Peter Bloss (1996) señala el principio de variabilidad que opera en los procesos de desarrollo, cuando enfatiza que "lo característico y específico del desarrollo adolescente está determinado por organizaciones psicológicas anteriores y por experiencias individuales durante los años que preceden al periodo de latencia"; es decir, el desarrollo generado a partir de las transformaciones antes señaladas sigue una velocidad y una dirección determinadas en cada sujeto, debido a su historia particular y a la posición que el medio asuma frente a esta fase vital. Por otra parte, es fundamental comprender que estos cambios no ocurren en forma aislada o separados unos de otros; por el contrario, durante el proceso adolescente se entrelazan, interactúan y determinan y afectan mutuamente. Es precisamente la integración de todos estos procesos lo que llevará al sujeto a desarrollar las capacidades y potencialidades que le permitirán enfrentar los nuevos retos que la condición de adulto le imponga en su momento.

Para el adolescente, todos estos cambios físicos, psicológicos y de re-situación originados, demandan en él una serie de adaptaciones o complicados ajustes, para enfrentar su acoplamiento social en estructuras muchas veces deficitarias para sus expectativas (Vives, 2001). Estas transformaciones influyen notablemente en sus conductas, en su forma de pensar y de percibir los fenómenos y su vida misma, acompañándose frecuentemente de conflictos en la interacción del adolescente con su medio social, cultural, político y económico, mismos que alteran el equilibrio más o menos logrado en su condición de niño. Durante este proceso de crecimiento y maduración, experimentan sentimientos intensos de tensión, confusión e indecisión que le producen ansiedad y depresión. Una de las conductas más significativas en el adolescente es la tentativa de suicidio, por el contexto depresivo que envuelve esta etapa. La tentativa de suicidio plantea el problema de la depresión como una vivencia existencial y como una verdadera crisis de la adolescencia (Bloss, 1996; Acevedo, 1997; Aberasturi, 1997).

Es necesario señalar que, aunque no todos los adolescentes experimentan tensión y conflicto en la misma intensidad, éstos son más probables durante la adolescencia que en ninguna otra etapa de la vida. Según se enfrentan estas tensiones y conflictos, encontramos tres grandes grupos o tipos de adolescentes: los "armoniosos calmos", que se van integrando sin conflictos mayores al mundo adulto; los que tienen un "crecimiento tumultuoso", mostrando a las claras esos rasgos que llamamos clásicos, y un grupo con "mayores dificultades", que puede tener manifestaciones de diferente gravedad, de insatisfacción total, de angustias y respuestas extremas con drogas, fugas y aun suicidio. La adolescencia se convierte en un periodo especialmente conflictivo, más difícil que otros periodos vitales, no sólo para el adolescente, sino también para las personas que lo rodean, con importantes diferencias individuales y culturales (Arnett, 1999).

Delimitaciones cronológicas de la adolescencia

Resulta imposible, en función de la edad biológica, determinar cuándo finaliza la adolescencia, pues no hay cambios biológicos ni fisiológicos que diferencien los últimos años de la misma. El final de la adolescencia se delimita principalmente con la integración social plena a través de la incorporación al mundo del trabajo y su progresión en la vida laboral, situación que varía de una cultura a otra y a lo largo de sus propias historias. La adolescencia actual aparece como una categoría "alargada o estirada", que puede llegar hasta la tercera década de la vida, gracias al concepto de juventud como grupo poblacional (Miles, 2000), como consecuencia de la demora en el proceso de emancipación de los jóvenes, debido a las escasas oportunidades que encuentran para insertarse socialmente en el mundo adulto, por lo que lograr una autonomía se ha convertido en una tarea cada vez más prolongada para el adolescente. Esta prolongación que se da hoy en día origina que las generaciones de adolescentes presenten conductas que anteriormente se daban en edades mayores: la precocidad en muchas experiencias, como el consumo de tabaco, alcohol y drogas, al igual que la iniciación sexual, la libertad de decisión, del uso del tiempo libre y otro tipo de conductas consideradas, hasta hace poco, patrimonio de los jóvenes y adultos.

Desde esta perspectiva, ser adolescente es una experiencia que, por lo menos teóricamente, varía según las personas, los países y a lo largo del tiempo; vale decir, que la adolescencia es un concepto que, como todos los estadios del desarrollo humano, no tiene una naturaleza fija e inmutable, sino que está particularmente influida por circunstancias histórico-sociales y debe ser analizada desde esta perspectiva. Por ello, no es un mero periodo caracterizado cronológicamente, sino que sobre todo debe entenderse y abordarse como un proceso enmarcado culturalmente, y tan diverso en sus manifestaciones y su extensión como intrincados son los componentes socioculturales de la época. Aparece así la adolescencia como el resultado de la interacción de los procesos biopsicosociales, los modelos socioeconómicos y las influencias culturales específicas; así, el comportamiento del individuo es modelado y reforzado por interacciones mutuas y dinámicas con los entornos físicos y sociales.

De aquí resulta claro que la inestabilidad del proceso adolescente aumente con la inestabilidad del ambiente familiar y con el ambiente circundante, que son los que van a proveer los principales factores protectores del joven, en particular la familia y la escuela. Con la finalidad de analizar los contextos inmediatos en que se desenvuelve el adolescente y determinar el rol que juegan en el comportamiento suicida, se estudió una población de 343 adolescentes escolarizados del Sistema de Educación Media Superior de la Zona Metropolitana de Guadalajara.

Algunas de las características de sus familias fueron determinadas mediante formato Likert, indagando su estructura y situaciones en cuatro dimensiones: 1. La dinámica de pareja, 2. El manejo de los conflictos familiares, la comunicación y expresiones de afecto, 3. El establecimiento de normas y 4. Las dificultades financieras familiares (Valadez, 2005a; cuadro 1). Asimismo, en el contexto escolar se identificaron los problemas de relación social con los compañeros o con los maestros, así como la autoestima escolar y el rendimiento académico (Valadez *et al.,* en prensa) (cuadro 2).

Cuadro 1. Escala tipo Likert que explora el contexto familiar

Dimensiones de la familia
Establecimiento de normas El trabajo en casa se reparte En mi familia hay reglas que cumplir Tengo un horario fijo para llegar a casa Creo que mis padres o tutores son exigentes
Manejo de conflictos En mi familia hay pleitos Tengo pleitos con mis hermanos Alguien de mi familia se ha ido de la casa por un disgusto
Dinámica de la pareja Mis padres o tutores pelean mucho Mis padres o tutores se golpean Considero que mis padres o tutores se quieren

Comunicación y expresión de afecto

Con mis padres o tutores me llevo bien

Mis padres son cariñosos conmigo cuando tengo un problema

Cuando tengo un problema lo platico con mi mamá

Cuando tengo un problema lo platico con mi papá o tutor

Cuando tengo un problema lo platico con mis hermanos

Cuando tengo un problema lo platico con otros

Mi familia me trata mal

Creo que mis padres o tutores están satisfechos conmigo

Mis padres o tutores me molestan mucho

Siempre	Muchas veces	Con frecuencia	Pocas veces	Nunca

alpha = .8012

Cuadro 2. Escala tipo Likert que explora el contexto escolar

Dimensiones escolares

En la escuela me critican mi forma de ser

Siento que les desagrado a mis compañeros de la escuela

Aunque estudio no llevo buenas calificaciones

Me peleo en la escuela

Tengo dificultades con mis maestros

He reprobado

Siempre	Muchas veces	Con frecuencia	Pocas veces	Nunca

alpha = .6502

Cabe destacar que en la población estudiada, un porcentaje del 11.95 de los adolescentes manifestaron haber intentado suicidarse.

Contexto familiar

De los contextos sociales que influyen sobre el adolescente, la familia es el elemento esencial, es el medio social del que emergió, el espacio vital en el que se configura su subjetividad, en el cual el ámbito familiar actúa como soporte fundamental para su integración social, además de ser una fuente de identidad para el joven. Para el adolescente, una de las tareas más importantes la constituye la adquisición de autonomía, el principal elemento de la cual consiste en una separación o distanciamiento gradual en todos los sentidos en relación con sus padres. Una de las particularidades del adolescente es ser una persona que reclama con vigor su autonomía e individualidad, pero que es todavía profundamente dependiente de su cuadro familiar, de la estructura de la familia y de la personalidad de los padres. Esta situación adquiere características especiales en nuestro contexto latinoamericano, en el que la familia tiende a ser lo que Minuchin y Fishman (Minuchin, 1987) llaman "familias imbricadas", que se caracterizan por la sumisión del adolescente a la voluntad colectiva de la familia. La diferenciación individual y la individualidad misma se encuentran desvalorizadas, puesto que se estimula la dependencia mutua. Una situación agregada que dificulta el logro de la autonomía es que el adolescente se enfrenta, por un lado, a los largos años de formación escolar y al ingreso tardío en el mercado laboral y, por el otro, a las escasas oportunidades de empleo.

Es por ello que dentro de la familia la cesión de autonomía y la demanda de responsabilidad son los ejes principales sobre los que se levantan tales discrepancias y el área donde deben construirse nuevas reglas, donde parece inevitable la ocurrencia de cierto grado de conflicto entre el adolescente y sus padres. Sin embargo, los resultados de tales conflictos variarán. Si el adolescente no puede hallar una vía satisfactoria hacia la autonomía, entonces es probable que su impulso a la independencia, o bien encuentre una salida explosiva, o bien se deteriore progresivamente (Misita, 2001; Fergusson, 2000). Es necesario considerar que la adolescencia de un miembro de la familia es un proceso en el que participan todos, es una de las perturbaciones que afectan al sistema familiar (Lalueza, 2003), ya que se transforma el conjunto de interacciones del grupo, originando un nuevo sistema de relaciones, que demanda negociaciones y reacomodos. Estos cambios no se hacen sin atravesar crisis, en el sentido de que introducen incertidumbres, modifican lo que antes funcionaba y obligan a nuevos comportamientos de cada miembro del sistema. Es una transición que debe afrontar todo el grupo familiar, que puede llegar a generar estrés cuando se da un desequilibrio entre las demandas y los recursos disponibles. Ante este particular, la familia se encuentra con la tarea de sincronizar dos fuertes movimientos antagónicos; por una parte, la tendencia de ajustar su rol a la nueva situación, de modo que los cambios permitan el mantenimiento de la organización y del equilibrio que permite la continuidad del grupo como tal, y por otra parte, facilitar la diferenciación y la autonomía del adolescente. Como sistema abierto, la familia se ve afectada por las situaciones del entorno sociocultural y las relaciones entre los miembros del sistema familiar y el medio social. Los diversos cambios y los mayores grados de autonomía y de libertad a que ha llevado el desarrollo de la cultura moderna han implicado una crisis de la institución familiar tradicional, lo que ha favorecido la emergencia de nuevas formas de vivir en familia, de tal suerte que la institución familiar ha experimentado cambios en su estructura, tales como la reducción de su tamaño, aumento de los divorcios y la inestabilidad conyugal.

Las estructuras familiares encontradas en nuestro estudio son múltiples (nucleares, uniparentales con madre o con padre, extensas y reconstituidas), con un porcentaje importante de padres que no viven juntos, debido principalmente por la separación o el divorcio. Esto implica que estos adolescentes conviven en familias extensas incompletas y algunas veces ensambladas (con personas distintas al padre o madre), lo que puede dificultar su interacción y, en cierta medida, incidir en el comportamiento suicida. Sin embargo, nuestros resultados no aportaron evidencias sobre el rol de la configuración familiar en el intento suicida. En los datos sobresale la baja escolaridad de ambos padres (casi una tercera parte de los padres y más de la tercera parte de las madres con estudios de primaria y menos), dificultades económicas situadas entre moderadas y severas según señalan los adolescentes (40%). La exposición a estas desventajas educativas y socioeconómicas conlleva un incremento en la susceptibilidad de los adolescentes a las conductas suicidas (Beautrais, 2003; Groholt, 1998). Por un lado, la merma educativa en menoscabo de las posibilidades de los padres para afrontar los problemas (Kellog Foundation, 1996), y por otro, las dificultades económicas con efecto en dos sentidos; primero, los hogares de desempleados y subempleados, permanentemente limitados en la satisfacción de sus necesidades mínimas, pueden propiciar una pérdida progresiva de la autoestima en los adolescentes, no permitiendo la elaboración de una identidad positiva. En segundo lugar, pueden incrementar el conflicto matrimonial y perturbar la capacidad de cada progenitor para ser un padre apoyador y comprometido, generando en ellos estilos de crianza relativamente distantes y coercitivos. Esto acarrea la falta de verdaderas comunicaciones entre los jóvenes y sus padres, y genera problemas de comunicación en el contexto familiar, con la subsiguiente disminución del sentimiento de seguridad y certidumbre, propiciador del crecimiento individual.

La familia es un grupo o sistema compuesto de subsistemas que serían sus miembros. Cada miembro de ese sistema posee roles que varían en el tiempo y que dependen de la edad, el sexo y la interacción con los otros miembros familiares; por tanto, las influencias dentro de la familia no son unidireccionales sino una red donde todos los integrantes de la familia influyen sobre los otros. Los conflictos de pareja entre los padres son considerados un factor de riesgo, pues se traducen en estresores que actúan directamente sobre los hijos, y que por sí mismos afectan al adolescente, el cual puede verse frecuentemente obligado a tomar partido por alguno de los padres, sufriendo con ambivalencia la posterior culpa. Este riesgo se evidenció en los adolescentes estudiados, pues la conducta suicida presentó una razón 2.3 veces mayor en aquellos jóvenes que refirieron conflictos de pareja entre sus padres. Un aspecto relevante a considerar es la existencia de suficiente evidencia empírica que afirma que la calidad de las relaciones de pareja es transmitida a través de las generaciones, afectándose la calidad de los matrimonios ulteriores.

El papel de la familia es vital para el proceso de independencia del adolescente y el desarrollo de una identidad adulta estable, de su personalidad. Todas las familias enfrentan problemas y es poco probable lograr cercanía sin crisis ni conflictos (Chagoya, 2004). Con la ambivalencia como una de las características inevitables del ser humano, a partir de la cual es imposible experimentar sólo sentimientos positivos hacia otra persona, en las familias pueden encontrarse sentimientos transitoriamente negativos e insatisfactorios de un miembro respecto al otro. Además, la familia está compuesta de varios individuos diferentes, por lo que resulta improbable que cada uno satisfaga por completo y en forma constante las necesidades de los otros (Chagoya, 2004; Wagner,

1997). En este marco de ideas, la agresividad entre los miembros de la familia es una situación que puede darse en un rango que puede ser muy amplio y que va desde las discusiones leves hasta la pérdida de control de alguno o algunos de sus miembros. Aquí, el manejo inadecuado del conflicto puede originar que los límites se traspasen y se llegue a perder todo el respeto que permite la lubricación adecuada durante estas crisis. Las actitudes constantes de agresión en las familias en permanente desacuerdo y disputa, en muchas ocasiones con agresiones físicas, se encontró fuertemente asociado (2.3 veces más) con el riesgo suicida en la población que estudiamos. Sobre este particular se resalta que la forma de solución de los conflictos acostumbrada en la familia sirve de ejemplo a seguir para el adolescente. La evasión, escape o huida de casa del adolescente o de algún miembro de la familia ante la presencia de conflictos, tiene una relación importante con la evitación y resolución del estrés; estas actitudes dan pauta a una conducta que es empleada como una solución a la tensión interna que se descarga.

En forma coincidente, la ausencia o deficiente comunicación, así como las pobres manifestaciones afectivas, aumentaron 4.3 veces más la probabilidad del riesgo suicida, lo que es consistente con lo anteriormente reportado (Field, 2001), pues cuando el adolescente percibe cierto rechazo familiar, o bien la situación familiar le provoca sentimientos de enojo o tiende a expresar estos sentimientos por medios usualmente agresivos. Ante estas expresiones agresivas, la familia reacciona de la misma manera, lo que provoca que los padres se replieguen y se vuelvan menos cálidos y menos comunicativos con el adolescente. Así, se genera un círculo vicioso, en donde se requiere de una verdadera comunicación para romper la cadena de agresiones, lo cual no siempre es posible. Así, los problemas de comunicación familiar se convierten en malestar psicológico en el adolescente, mismo que muy posiblemente influya negativamente en el clima familiar y provoque problemas de comunicación entre padres e hijos. Entre los patrones de interacción familiar, el estilo de relación parental es lo que determina el clima familiar; un ambiente familiar frustrante representa un punto débil que expone a uno de sus miembros al riesgo de buscar soluciones equivocadas. El comportamiento autodestructivo se convierte en un medio de comunicación de sentimientos, demandas o súplicas que el adolescente no sabe o no puede expresar de otra manera, pues carece de una estrategia de afrontamiento más adecuada.

A pesar de la limitación metodológica señalada por Wagner sobre la no clara asociación causal de los factores familiares, debido a que los mismos no han sido medidos antes de presentarse la conducta suicida (Wagner, 1997), nuestros resultados constatan, al menos, la importancia del contexto familiar y el rol que juega la familia en el comportamiento suicida. Podemos concluir, en el marco de los resultados obtenidos, que existen en la familia factores generadores de estrés que se relacionan con el intento suicida en los adolescentes, ya que contribuyen a la confusión y a la depresión de los mismos.

Contexto escolar

El medio escolar es parte significativa de la vida del adolescente y ocupa un lugar de primera importancia en su desarrollo cognoscitivo, no sólo en lo que se refiere al aprendizaje formal, que ocurre en esta etapa de la vida, sino al ejercicio de funciones mentales que alcanzan progresivamente durante la adolescencia un alto grado de diferenciación (Piaget, 1979). En forma concomitante, adquiere importancia en su desarrollo emocional el grupo de amigos, el cual se constituye como un espacio necesario para la construcción de su identidad. De acuerdo con los psicólogos sociales, es el *grupo de referencia*, porque proporciona claves simbólicas que actúan a modo de paradigma para comparar el propio comportamiento. Para el adolescente, los grupos son un instrumento de desarrollo psicosocial y psicosexual, que en las culturas centradas en la familia ha sido descuidado. Este hecho ha adquirido importancia ante el impacto que los cambios sociales han producido en el grupo familiar, mismo que ha ido perdiendo cada vez más sus características de sistema cerrado y estable al modificarse sus posibilidades de dar a los adolescentes una socialización excluyente de otros canales, que la modernidad incentiva. Los sentimientos de amistad producen gran satisfacción, alimentan la estima personal y amplían el campo de actuación social, provocando seguridad en uno mismo. La falta de amigos o el fracaso repetido para lograr un grupo social cercano (en la escuela, por ejemplo), provoca sentimientos de inseguridad e inestabilidad social, lo que afecta la autoestima, devolviendo al adolescente una imagen deteriorada o empobrecida de sí mismo. La vida de relación de los adolescentes en el centro educativo es compleja; éste le concede gran importancia al percibirse y ser visto como un individuo socialmente integrado y quiere evitar ser señalado como alguien aislado, así que acepta y busca voluntariamente su pertenencia a un grupo. Sin embargo, la integración social en los grupos de adolescentes no es fácil, ni depende exclusivamente de las habilidades sociales individuales de los adolescentes; la microcultura del adolescente (incluidos otros adolescentes), con su conjunto de normas, ritos, convenciones, creencias y hábitos de comportamiento, incide de una manera importante en que el proceso de integración sea satisfactorio para los individuos que lo realizan. A veces el sistema de relaciones de los iguales se configura bajo un esquema de dominio-sumisión que incluye convenciones moralmente pervertidas e injustas, en las que el poder de unos y la obligación de obedecer de otros se constituyen en esquemas rígidos de pautas a seguir, de las cuales es difícil defenderse desde la propia inmadurez personal. De esta forma, aparece un fenómeno de prepotencia, o de desequilibrio en el estatus social, que un estudiante establece con otro u otra, o que un grupo de ellos establece con un estudiante en particular. De esta manera se comienza a poner en peligro el vínculo de la reciprocidad, lo cual es un indicador de que van a aparecer malas relaciones o el llamado maltrato entre iguales (Ortega, 1998). La literatura especializada (Tello, 2005) revela que 23% de alumnos de escuelas secundarias afirma haber sido víctima de violencia en la escuela; 12% haber recibido caricias no deseadas, y 80% haber extraviado "algo". Los datos obtenidos en el estudio antes mencionado, acerca de los problemas de relación social escolar entre compañeros, o con los maestros, así como la autoestima escolar, muestran un incremento significativo de tres veces más el riesgo de conducta suicida en los adolescentes (Valadez, 2005b).

Al respecto, señalamos que un 13% de los alumnos recibió críticas a su persona en las categorías de respuesta "siempre y casi siempre"; 8.4% experimentó sentimientos de rechazo por parte de sus iguales, y 5% reprobó en forma repetida. Por otro lado, en aproximaciones cualitativas de naturaleza exploratoria (Valdez *et al.,* en prensa) realizadas en un grupo de adolescentes, las mujeres patentizan la distinción de género presente, que nos permite dar cuenta de las formas de relaciones interpersonales en el grupo de iguales:

> Todos se creen con derecho de faltar al respeto, desde cómo te miran hasta lo que te dicen o agarran. Todas mis amigas son víctimas cotidianas de piropos súper majaderos.

En otro sentido, el proceso de competencia grupal, más evidente a esta edad, puede desencadenar procesos de violencia muy perversos, que llevan a demostrar al otro hasta dónde se puede llegar, en cualesquiera de sus formas y en cualesquiera de sus diferentes intensidades:

> Los juegos de ellos a veces se pasan, y surgen primero aventones, luego agresiones verbales de mentadas… y eso; luego se agarran a golpes o se avientan cosas para demostrar quién puede ser más salvaje.
>
> Yo tengo amigos que dicen que le entran a los jueguitos de machos, para que no los hagan a un lado, pero que a veces les da miedo porque se calientan mucho.

La violencia escolar genera un sentido de vulnerabilidad en el adolescente, que se concreta fundamentalmente en la localización de factores de riesgos referentes a sus necesidades cognitivas y sociales:

> No se puede uno concentrar, porque siempre estás a la defensiva, cuidándonos de las agresiones de nuestros compañeros y algunas compañeras.

El abordaje del fenómeno suicida en el adolescente

Los factores presentes en el contexto familiar y escolar demuestran una influencia directa en el comportamiento suicida del adolescente, y actúan como estresores cotidianos. De la información obtenida del contexto familiar se infiere que los problemas en comunicación familiar y las dificultades económicas presentan el valor más alto en cuanto a posibilidades de riesgo suicida, que es posible que lleguen a convertirse en problemas de ajuste en el contexto escolar, aunados a un inadecuado manejo de los conflictos en el ámbito familiar, que pueden dar pauta a la integración de éstos como conductas normales. La incoherencia de las actitudes paternas, y la falta de tranquilidad y de estabilidad en la vida familiar son factores que colocan al adolescente en un clima de inseguridad, que en adición a un sistema desequilibrado de relaciones entre iguales dentro de la escuela, posibilitan en consecuencia el incremento del riesgo suicida. Estudiar y esclarecer las pautas de desarrollo explicativos de la muerte voluntaria, es decir, el suicidio, pone de relieve el carácter emergente y la ocurrencia de estos fenómenos en sociedades que viven profundos cambios culturales. Estos ámbitos no son necesariamente equitativos y en ocasiones son reveladores de fragilidades y vulnerabilidades de sujetos sociales cuyo trámite a la muerte también es una denuncia de forma de injusticia e incomprensión o, en el mejor de los casos, de grandes contradicciones entre los ritmos de modernización, y fundamentalmente con el empobrecimiento de los proveedores sociales más significativos, como lo son la familia y la educación formal.

El objetivo preventivo es la disminución en la incidencia y la prevalencia de los trastornos ya existentes en el niño y el adolescente mediante dos mecanismos: un diagnóstico precoz y la realización de intervenciones planificadas sobre el individuo y en los niveles o estratos donde se desenvuelve (Bronfenbrenner, 1987). La prevención tiene dos dificultades esenciales; por un lado, el hecho de que todavía no están plenamente identificados los factores de riesgo y en similar medida los de protección, aunado a la existencia de un perfil inconsistente de los factores de riesgo en el adolescente, puesto que no hablamos de adolescencia como un término homogéneo, sino de adolescencias. Y en segundo término, las modificaciones del medio ambiente dependen de otros servicios además del sanitario, como el legislativo, el educativo y el social. Para una eficaz prevención del suicidio entre adolescentes, los programas deben basarse no sólo en la creación de centros de tratamiento apropiados para los adolescentes que han tratado de poner fin a sus días, sino en centrar el foco de atención en los jóvenes que pueden estar más expuestos a ese riesgo; de ahí la necesidad de incrementar la investigación no sólo desde el punto de vista epidemiológico, sino sobre la evaluación de los factores psicosociales capaces de producir cambios conductuales en los jóvenes para que puedan llegar a influir en las tendencias generadoras del suicidio. Para tal efecto, es necesaria la construcción de instrumentos que exploren los factores de riesgo. Si bien existen varias escalas e inventarios para ello, éstas se limitan únicamente al estudio de una o dos variables, solas o en combinación, dejando fuera otras áreas de conflicto, además de que pocas de dichas escalas son específicas para la población adolescente y la mayoría de ellas requiere de personal calificado para su aplicación (Amezcua, 2003).

Aunque la investigación sobre la etiología y el desarrollo de la conducta suicida es importante para la comprensión de los factores de curso de vida que contribuyen a la conducta suicida, también es importante que dicha investigación se traduzca en programas prácticos y efectivos de prevención y que éstos a su vez estén sujetos a evaluación. Evidentemente, una gran cantidad de investigaciones se han enfocado a varios factores que actúan para incrementar los riesgos de la conducta suicida; sin embargo, es necesario resaltar que, aun entre aquellos adolescentes con altos niveles de exposición a los factores de riesgo, una porción sustancial no desarrolla conductas suicidas. Esto sugiere la intervención de varios factores protectores o de resistencia que actúan para mitigar los efectos de la exposición a los riesgos, lo cual nos abre interrogantes sobre cuáles son y cómo actúan estos factores. Esto torna evidente la necesidad de investigaciones que se centren en identificar los factores protectores para la conducta suicida y, lo que es más importante, los procesos por los cuales éstos actúan para mitigar el suicidio. La identidad de género es un referente social que se manifiesta en distintos ámbitos de la vida; de ahí que respecto a los trastornos mentales resulte útil un abordaje desde la perspectiva de género (Eisenberg, 1995). Algunos estudios aportan evidencias sobre la conformación de patrones de enfermedad mental específicos para mujeres y varones. Los rasgos más generales de la socialización de género se relacionan estrechamente con los signos y síntomas que conforman la psicopatología de los perfiles por género. Así, entre los hombres son más comunes las manifestaciones externalizadas, como la conducta antisocial, las adicciones y el suicidio consumado; mientras que entre las mujeres lo son las internalizadas, por ejemplo los trastornos del estado de ánimo (Rosenfield, 2000). Es posible plantear que la especificidad de ciertos daños a la salud mental, asociada al género, sintetiza de manera compleja factores de orden biológico, psicológico y social; por ello es indispensable profundizar en el análisis de la influencia de las relaciones sociales en la forma en que los sujetos se desenvuelven en determinadas condiciones de vida.

De la misma manera, los factores asociados a la cultura adquieren una importancia capital en la conducta suicida entre las minorías étnicas, quienes se ven sometidas a un proceso de coloniaje cultural con pérdida de la identidad y sus costumbres, escenario que también se hace patente entre los inmigrantes. Un proceso de este tipo, aunque con menores diferencias, puede desencadenarse en el curso de migraciones internas, cuando se trasladan las familias, en busca de oportunidades, desde las zonas rurales hacia las urbanas o hacia las capitales. La mudanza, o migración interna, puede ser un factor de riesgo de suicidio de importancia en la adolescencia, principalmente cuando no se logra la adaptación creativa al nuevo entorno. En relación con los adolescentes que viven los movimientos migratorios, nos encontramos con particularidades diversas. Por un lado, está el hijo o hija del emigrante, que forma parte de una familia que no se separa y que se traslada toda junta a una ciudad o país desarrollado; también encontramos adolescentes que ven cómo su familia se tiene que separar porque el padre o la madre emigran a otra ciudad o país, o también el caso de adolescentes que emigran solos, generalmente de zonas rurales a urbanas, comúnmente para acceder a la educación.

Por su parte, la formación de recursos humanos en salud es un recurso crítico de los sistemas de salud. Los sistemas de atención médica deben facilitar la creación de servicios de consulta de salud mental destinados a evitar el suicidio e incluir la atención médico-social de los pacientes que han intentado suicidarse. La Asociación Médica Mundial (Declaración de la Asociación Médica Mundial sobre el Suicidio de Adolescentes, 1991) recomienda que las asociaciones médicas nacionales adopten las siguientes normas para los médicos: 1. Todos los médicos deben recibir, durante sus estudios en la escuela de medicina y el periodo de internado, una educación sobre el desarrollo biopsicosocial del adolescente; 2. Se les debe capacitar para identificar los primeros signos y síntomas de tensión física, emocional y social en sus pacientes adolescentes; 3. Se les debe enseñar a evaluar el riesgo de suicidio de sus pacientes adolescentes; 4. Se enseñará además el tratamiento y opciones de derivación apropiadas para todos los niveles de conductas autodestructivas en sus pacientes adolescentes; 5. Deben ser competentes en la evaluación de una causa autoinfligida, cuando atiendan a adolescentes con graves traumas.

No hay que olvidar que el cuidado de la salud no es patrimonio exclusivo del personal de salud, y que, desde nuestro propio campo de acción, podemos y debemos incidir en esta compleja problemática.

Finalmente, un enfoque integral de intervención sobre el fenómeno suicida en el adolescente debe tener en cuenta los componentes biológicos, psicológicos y sociales, además de aceptar que no hay un fenómeno de conducta suicida en el adolescente, sino un cruce de problemas no abordables desde una lógica única. Insistimos, entonces, en que para prevenir el comportamiento suicida en el adolescente es preciso reconocer que sus causas son múltiples y complejas, puesto que surge como consecuencia de una interacción problemática entre el individuo que está pasando por un momento vital de su existencia y por el entorno que lo rodea. Interacción que es necesario analizar en los distintos niveles en los que ésta se produce: la escuela, la familia y el grupo social de pertenencia, además de la influencia de la estructura social en la que se encuentran los contextos anteriores. En suma, la complejidad del fenómeno requiere actuaciones globales que abarquen medidas sociales, políticas, legales, escolares y familiares.

Bibliografía

Aberastury, A., y Knobel, M. (1997). *La adolescencia normal: un enfoque psicoanalítico*. Buenos Aires: Paidós.

Acevedo, H. (1997). *Aspectos psicológicos en la adolescencia*. México: Editorial Preludio.

Amezcua, R. (2003). Diseño y validación de un instrumento para evaluar potencialidad suicida en adolescentes escolarizados de la ZMG. Tesis de maestría en Psicología Clínica. UNAM, México.

Arnett, J.J. (1999). Adolescent storm and stress, reconsidered. *American Psychologist, 54*, 317-326.

Beautrais, A.L. (2003). Life course factors associated with suicidal behaviours in young people. *American Behavioural Scientist, 46*, 1137-1156.

Bloss, P. (1996). *La transición adolescente*. Argentina: Amorrortu.

Bronfenbrenner, U. (1987). *La ecología del desarrollo humano: Experimentos en entornos naturales y diseñados*. Barcelona: Paidós.

Chagoya, L. (2004). Dinámica familiar funcional y disfuncional. En Enrique Dulanto (ed.). *La familia, un espacio de encuentro y crecimiento para todos*. México: Academia Mexicana de Pediatría A.C./ETM.

Declaración de la Asociación Médica Mundial Sobre el Suicidio de Adolescentes. Adoptada por la 43ª Asamblea Médica Mundial-Malta, noviembre de 1991.

Eisenberg, L. (1995). The social construction of the human brain. *American Journal of Psychiatry, 152* (11), 1563-1575.

Field, T., Diego, M., y Sander, C. (2001). Adolescent depression and risk factors. *Adolescent, 143*, 491-498.

Fergusson, D.M., Woodward, I.J., y Horwood, L.J. (2000). Risk factors and life processes associated with the onset of suicidal behavior during adolescence and early adulthood. *Psychological Medicine, 30*, 23-39.

Groholt, B., Ekeberg, O., Wichstrom, L., y Haldorsent, T. (1998). Suicide among children and younger and older adolescents in Norway: A comparative study. *Journal American Academy Child Adolescents Psychiatry, 37* (5), 473-481.

Kellog Foundation, Organización Panamericana de la Salud, Organización Mundial de la Salud (1996). Programa de salud integral del adolescente. Washington: Kellog Foundation, OPS, OMS.

Krauskopf, D. (1997). Adolescencia y educación. Costa Rica: Universidad Estatal a Distancia (UNED).

Lalueza, J.L., y Crespo, I. (2003). Adolescencia y relaciones familiares. En A. Perinat, A. Corral, *et al. Los adolescentes en el siglo XXI, un enfoque psicosocial.* Barcelona: Editorial UOC.

Miles, S. (2000). *Youth lifestyles in a changing world.* Buckingham: Open University Press.

Minuchin, S., y Fishman, H.C. (1987). *Técnicas de terapia familiar: Grupos e instituciones.* México: Paidós.

Misitu, G., Buelga, S., y Cava, M. (2001) *Familia y adolescencia.* Madrid: Síntesis.

Ortega, R., *et al.* (1998). *La convivencia escolar: Qué es y cómo abordarla.* Sevilla: Conserjería de Educación y Ciencia. Junta de Andalucía.

Pfeffer, C. (1991). Attempted suicide in children and adolescents: Causes and management. En M. Lewis (ed.). *Child and adolescent psychiatry.* Baltimore: Williams and Wilkins.

Piaget, J. (1979). Las características del estadío en psicología genética. En J. Leif y P. Juif. *Textos de psicología del niño y del adolescente.* Madrid: Narcea.

Rosenfield, S. (2000). Gender and dimensions of the self. Implications for internalizing and externalizing behaviour. En E. Frank (ed.). *Gender and its effects on psychopathology.* Washington: American Psychopathological Association.

Tello, N. (2005). La socialización de la violencia en las escuelas secundarias: proceso funcional a la descomposición social. *Revista Mexicana de Investigación Educativa, 10* (027), 1165-1181.

Valadez, I., Quintanilla, R., González, N., y Amezcua, R. (2005a). El papel de la familia en el intento suicida del adolescente. *Salud Pública de México, 47* (1), 1-2.

Valadez, I., Amezcua, R., González, N., y Contreras, M. (2005b). Una escala para medir suicidabilidad en adolescente escolarizado de 12 a 15 años: Resultados preliminares. En: Comités Científico y de Ética y Subcomisión de Investigación de la Red Interinstitucional para la Prevención del Suicidio en el Estado de Jalisco. *Compendio de investigación sobre el fenómeno suicida en Jalisco,* pp. 220-230. Guadalajara: Gobierno de Jalisco.

——, Martín del Campo, S. (en prensa). Violencia escolar: Sus manifestaciones en los niveles educativos. *Revista Mexicana de Investigación Educativa.*

Vives, J., y Lartigue, T. (2001). El proceso adolescente. En E. Dallal (coord.). *De la identidad de género en México al final de la adolescencia.* México: Plaza y Valdez.

Wagner, B.M. (1997). Family risk factors for child and adolescent suicidal behaviour. *Psychol Bull, 121* (2).

CAPÍTULO 8

Relación entre depresión e ideación suicida en estudiantes de dos licenciaturas de la salud

Luz de Lourdes Eguiluz Romo
Victoria E. Cuenca Moreno
Juan Manuel Campos Beltrán

La depresión es un fenómeno frecuente que afecta diferentes áreas de la vida de quien la padece y que puede presentarse en cualquier etapa de la vida. Actualmente se considera la depresión como un problema multifactorial en el que la confluencia de diversas situaciones hace vulnerable a la persona para padecer depresión, sea desde la infancia o en la vida adulta. También se sabe por estudios recientes que los niños pueden nacer con una disposición genética hacia la depresión (Luby, 2003). Los síntomas depresivos alteran la vida productiva de los sujetos, impidiendo el desarrollo de las potencialidades individuales. En los grados más severos, el individuo puede atentar contra su vida, lo que hace de este trastorno algo potencialmente mortal. Pfeffer *et al.* (1992) encontraron que algunas variables asociadas a la depresión pueden hacer predecible una tendencia hacia el suicidio, como la severidad del episodio, la ideación suicida, los intentos suicidas previos, el consumo de alcohol o drogas, la desesperanza, el aislamiento social, así como el tener acceso a los medios para matarse.

Se reporta que 15% de la población presenta por lo menos un episodio depresivo a lo largo de su vida adulta, lo suficientemente intenso como para afectar su funcionamiento y hacer necesario el tratamiento (Instituto Nacional de Psiquiatría Ramón de la Fuente, 2000). Según el National Institute of Mental Health (2006), los costos de la depresión son muy elevados, tanto en términos económicos como de sufrimiento personal y familiar, los cuales resultan incalculables.

Al igual que en otras enfermedades, existen varios tipos de trastornos depresivos. Para fines de esta investigación, retomaremos la clasificación que hace el DSM-IV de la depresión. Por un lado, ubica los trastornos depresivos como una subclasificación de los *trastornos del estado de ánimo*, que tienen como característica una alteración del humor. Según el DSM III, la depresión se clasifica en:

a. Trastorno depresivo mayor. Se caracteriza por uno o más episodios depresivos mayores (al menos dos semanas de estado de ánimo depresivo o pérdida de interés, acompañados al menos por otros cuatro síntomas de depresión).
b. Trastorno distímico. Se caracteriza por al menos dos años en los que ha habido más días con estado de ánimo depresivo que sin él, acompañado de otros síntomas depresivos que no cumplen los criterios para episodio depresivo mayor.
c. Trastorno depresivo no especificado. Se incluye para codificar los trastornos con características depresivas que no cumplen los criterios para un trastorno depresivo mayor, trastorno distímico, trastorno adaptativo con estado de ánimo depresivo o trastorno adaptativo con estado de ánimo mixto ansioso y depresivo (o síntomas depresivos sobre los que hay una información inadecuada o contradictoria).

Se describe el episodio depresivo mayor como una subclasificación de los trastornos del afecto, que pueden estar o no en los trastornos depresivos y que facilitan el diagnóstico adecuado de éstos. El episodio depresivo mayor se caracteriza principalmente por un periodo de al menos dos semanas durante las cuales hay un estado de ánimo deprimido o una pérdida de interés o placer en casi todas las actividades. El sujeto también debe experimentar al menos otros cuatro síntomas de la siguiente lista: 1. Cambios de apetito (peso), del sueño y de la actividad psicomotora; 2. Falta de energía, sentimientos de infravaloración o culpa; 3. Dificultad para pensar, concentrarse o tomar decisiones, y 4. Pensamientos recurrentes de muerte o ideación suicida, planes o intentos suicidas.

Se puede apreciar que la manifestación más grave de la depresión es el intento suicida o bien el suicidio consumado; sin embargo, para llegar a ello, se pasa inicialmente por la idea y la planeación del hecho. La ideación suicida se desarrolla lentamente; el DSM-IV la describe como el último síntoma del episodio mayor, en el que frecuentemente hay pensamientos de muerte y tentativas suicidas. Estas ideas pueden variar desde la creencia de que los demás estarían mejor si uno se muriese hasta los pensamientos pasajeros, pero presentados en forma obsesiva, acerca del hecho de suicidarse, o los auténticos planes específicos sobre cómo cometer el suicidio. Estas ideas, respecto a su frecuencia, intensidad y letalidad, pueden ser muy variables.

Los investigadores del Instituto Nacional de Psiquiatría Ramón de la Fuente (INP) (2000) que trabajan con la ideación suicida señalan que ésta se presenta en cuatro de cada cinco pacientes con depresión clínicamente importante, y en dos de ellos no se trata de ideas pasajeras o triviales sino que presentan un riesgo alto de cometer suicidio. De la Garza (2007) concuerda con Luby (2003) al señalar que la depresión se puede presentar desde la niñez e indica como elementos causales importantes los factores genéticos (efecto de balance en los neurotrans- misores serotonina, noreprinefrina y dopamina), circunstancias de vida (peligros reales e imaginarios, decepciones amorosas, pérdidas de obje- tos o personas queridas) y el consumo de drogas o alcohol (se ha com- probado que muchos suicidas han consumido alcohol o drogas antes de llegar al acto).

Cabe señalar que el suicidio se encuentra entre las causas más frecuen- tes de muerte. Mundialmente fallecen cerca de un millón de personas al año por este motivo. El INEGI (2004) reportó que en México, entre 1990 y 2001, se identificaron 3 673 intentos de suicidio: 59.7% correspondió a mujeres y 40.3% a hombres. Del total de intentos, 64.7% correspon- dió a personas entre 15 y 34 años de edad. Otros datos refieren que se ha observado en casi todo el mundo que los hombres se suicidan en mayor número que las mujeres —en una proporción de tres por uno— en tanto que las mujeres lo intentan más. Otra diferencia se observa respecto a los métodos empleados, los hombres tienden a emplear el ahorcamiento y las armas de fuego, mientras que las mujeres usan más las sustancias (como los fármacos) y el recurso de cortarse las venas (González-Forteza, Berenzon y Jiménez, 1999).

Diversos han sido los estudios que se han realizado para investigar la relación entre la depresión y la ideación suicida, con sus posibles co- nexiones con otras variables. Entre ellos, se encuentra el estudio de Mas- ten *et al.* (2003), quienes realizaron una investigación para conocer si había diferencias significativas entre el género y la depresión en adoles- centes habitantes de la República Mexicana. Los resultados mostraron que no hay diferencias significativas y que una posible explicación es el grado de estrés en el que se encuentran tanto adolescentes hombres como mujeres en la actualidad y la manera como el estrés influye en los episodios depresivos en ambos géneros.

En un estudio realizado por González *et al.* (1999), se investigó la relación entre la depresión y la disfunción sexual; se encontró que las personas que presentaban disfunción sexual, en muchas ocasiones habían pasado por episodios depresivos y de ansiedad. En otro estudio, González-Forteza *et al.* (2001) asociaron el abuso sexual y el intento suicida con la depresión y la ideación suicida en adolescentes de secundaria del Distrito Federal; encontraron que el malestar depresivo y la ideación suicida fueron más frecuentes en las mujeres que habían sido víctimas de abuso sexual.

Por otra parte, Manelic y Ortega (1995) realizaron una investigación respecto del nivel de depresión en estudiantes universitarios de la ENEP Aragón. En la investigación compararon la depresión que presentaban los jóvenes de diferentes carreras de licenciatura y de distinto género; los resultados indicaron que los cuadros depresivos fueron semejantes en todas las carreras y en ambos sexos. A este respecto, Manelic y Ortega consideran que la etapa de la vida correspondiente a los estudios superiores se caracteriza por una gran cantidad de estresores psicosociales, como vivir solo, carecer de un apoyo económico y social seguros, el reto que implica obtener calificaciones satisfactorias, enfrentarse a la transición a la edad adulta, redefinir sus relaciones con la sociedad, incursionar en el ámbito laboral, experimentar diversos temores (respecto de su futuro, la soledad, la responsabilidad y el saber que tendrán que hacerse cargo de sí mismos), entre otros aspectos. Todos estos factores aumentan el riesgo de desarrollar un cuadro depresivo (Angst, 1992; citado en Manelic y Ortega, 1995). El estrés que se llega a vivir en esta etapa del desarrollo podría desencadenar la aparición de un cuadro depresivo o de ideación suicida.

Respecto del suicidio, Martínez y Peña (2000) refieren que la prevalencia del suicidio aumenta con la edad; se considera que esta conducta es poco frecuente entre alumnos de primaria (12%), pero que aumenta progresivamente en los de secundaria hasta en un 35%, en los de preparatoria en 65% y en los universitarios alcanzó de 50 a 65%. Uno de los elementos del riesgo suicida es la ideación suicida, y se ha encontrado una correlación alta con la depresión severa en 70% de los casos reportados.

Eguiluz (1996) realizó una encuesta entre 500 jóvenes de las carreras de la salud en la Facultad de Estudios Superiores Iztacala y encontró que

27% de los jóvenes había pensado alguna vez en el suicidio; 11% lo había intentado al menos en una ocasión; 78% había conocido a alguien que había intentado suicidarse; 32% había conocido a alguien que se había suicidado; 52% consideró el suicidio como una forma de salir o escapar de los problemas, y 60% opinó que recurrir al suicidio era una opción valiente cuando no había otra salida.

En otras investigaciones se ha identificado la presencia de ideación suicida en distintas poblaciones. González-Forteza *et al.* (1998a) encontraron que la prevalencia de ideación suicida fue importante en una población escolar, compuesta por mujeres adolescentes del Distrito Federal. En otro estudio, realizado también por González-Forteza *et al.* (1999), además de investigarse la prevalencia, se estableció una relación entre las variables predictoras y de riesgo en la ideación suicida en jóvenes universitarios. Se encontró que los síntomas de ideación suicida oscilaron entre 27% y 30% de los universitarios y una de las variables predictoras de riesgo fue el estrés social. Posteriormente, González-Forteza *et al.* (2002) investigaron el intento suicida, así como sus características, en estudiantes adolescentes de la ciudad de México: edad del intento, principal motivo y método utilizado. Los resultados indicaron un predominio del intento suicida en estudiantes de escuelas privadas y, en especial, en jóvenes de bachillerato. Tanto en hombres como en mujeres fueron similares las características del intento suicida en cuanto a edad (entre 10 y 15 años), recurrencia, motivos (problemas familiares) y métodos (el más frecuente fue cortarse con un objeto punzocortante).

En otra investigación realizada por Eguiluz, Nyeffeler, Alcántara y Chávez (en prensa) cuyo objetivo era buscar la relación entre la ideación suicida y el clima social familiar, se encontraron índices de ideación suicida parecidos a los índices detectados en otras investigaciones. Pero respecto del clima social familiar, se encontraron algunos elementos importantes, que pueden verse como factores resilientes o de protección contra la ideación suicida, como en las familias donde hay cohesión familiar y el adolescente puede hablar con sus padres y hermanos de sus problemas; donde los miembros de la familia son solidarios y se ayudan entre sí; donde las actividades educativas o laborales se convierten en un interés para ellos, y donde los muchachos participan en actividades sociales, deportivas, culturales o religiosas. Es poco probable que en tales casos se presenten ideas suicidas.

González-Forteza y Andrade (1995) correlacionaron la sintomatología depresiva y la ideación suicida en adolescentes mexicanos. Se pudo observar que el patrón de correlaciones fue diferente respecto del género. En los hombres no hubo correlación significativa entre la ideación suicida y las dimensiones de sintomatología depresiva (afecto negativo, ánimo negativo, somatización, problemas interpersonales e ideación suicida), mientras que en las mujeres se detectaron correlaciones significativas.

De acuerdo con lo anterior, podemos decir que la depresión e ideación suicida son problemas de salud con gran prevalencia y que estos datos están aumentando progresivamente. La ideación suicida ha sido poco explorada y abordarla permitiría trabajar de manera preventiva, puesto que es la primera etapa del suicidio y podría pensarse que con una atención adecuada podría darse un cambio en la construcción de la realidad.

Debido a que se han reportado pocos estudios que investiguen de forma directa la relación entre la depresión y la ideación suicida, se consideró importante realizar un estudio exploratorio que nos permitiera analizar si existe alguna relación entre ambas variables, siendo el objetivo de nuestra investigación detectar si en una muestra de jóvenes estudiantes de enfermería y odontología se presenta depresión y si esta característica se relaciona con la ideación suicida. La selección de estas dos carreras fue arbitraria, pues se sabía que dentro del proyecto "Salud y familia" otros equipos de investigadores iban a encargarse de otras licenciaturas. Pero sí es importante señalar que los estudiantes de estas "carreras de la salud" trabajan con el dolor humano (lo que significa ya un posible riesgo).

Método

Selección de la muestra

Se realizó un muestreo aleatorio estratificado por conglomerado. Este tipo de muestreo se realiza cuando los elementos de la población se ubican en cúmulos o conglomerados iguales entre sí, es decir, no hay diferencia entre racimo y unidad (Newman, 1997; Hernández, Fernández y Baptista, 2003). Se seleccionaron de manera aleatoria los grupos necesarios para obtener una muestra de 100 alumnos de la carrera de Enfermería y 100 de Odontología.

Instrumentos de medición

El instrumento que se utilizó para evaluar la depresión fue la Escala de Autoevaluación de la Depresión (sps) de Zung. Este instrumento fue elaborado en 1965. En México fue estandarizado por Lara y Tapia en 1976 y ha sido validado con población clínica y no clínica. Contiene 20 reactivos presentados en forma de aseveraciones que son representativas de los síntomas depresivos.

Para evaluar la ideación suicida se utilizó la Escala de Ideación Suicida de Beck, Schuyler y Herman. Este instrumento fue elaborado en 1974. Su objetivo era conocer los factores y características sociodemográficas que contribuyen a crear las conductas autodestructivas así como los grupos de riesgo en diferentes sectores de la población. Este instrumento cuenta con 21 reactivos.

Procedimiento

Diseño

Se utilizó un diseño transversal correlacional, pues se describen dos variables en un momento determinado y en un tiempo único. Se pretendió detectar si existe una relación entre ambas variables, sin precisar sentido de causalidad (Hernández, Fernández y Baptista, 2003).

Para poder llevar a cabo la recolección de datos fue necesario contar con tres fases; las dos primeras se realizaron con el propósito de organizar dicha recolección, mientras que en la fase III se evaluaron las variables de depresión e ideación suicida por medio de la aplicación de los instrumentos. Finalmente, se requirió de una fase adicional para capturar y analizar los datos obtenidos a través del programa estadístico spss.

Análisis de resultados

Descripción de la muestra

La muestra total quedó integrada por 200 estudiantes de la Facultad de Estudios Superiores Iztacala; 50% cursaba la carrera de enfermería y el otro 50% pertenecía a la carrera de odontología; de ellos, 78.5% eran mujeres y 21.5% hombres. Los porcentajes entre hombres y mujeres, siendo más alto el número de mujeres, tiene que ver con la distribución normativa de ambos sexos en esas licenciaturas. En cuanto al estado civil, 95% de la muestra eran solteros, 4.5% casados y 0.5% divorciados. Respecto a la edad, 95.5% de los estudiantes se encontraban entre 17 y 25 años, 3% de ellos tenían entre 26 y 35 años, 1% de los estudiantes tenía entre 36 y 45 años y solamente el 0.5% de la muestra se encontraba en el rango de 46 a 50 años. La media de edad se encontró en 19.5 años. De los estudiantes de la carrera de odontología, 74% fue mujer y 26% fue hombre; 96% era soltero; también 96% se encontraba en un rango de edad que va de los 17 a los 25 años. En cuanto a la carrera de enfermería, 83% de los participantes fue mujer y 17% fueron hombres; 94% era soltero; 95% se ubicó en un rango de edad de entre 17 y 25 años. Como puede observarse, es una población sesgada, mayoritariamente compuesta por mujeres de edad muy joven, por lo que los resultados no podrán generalizarse al grueso de la población estudiantil.

En seguida se presenta el análisis de los datos, el cual está organizado de tal manera que en un primer momento se muestran los resultados obtenidos en la muestra total respecto de las variables de depresión e ideación suicida. En este análisis se presenta el porcentaje de estudiantes que reportaron tener ideación suicida y los que no; asimismo, el porcentaje de estudiantes que manifestaron tener algún grado de depresión (nula, leve, moderada y grave). Un análisis similar se realizó para cada submuestra, es decir, la correspondiente a los estudiantes de enfermería y a los estudiantes de la carrera de odontología. Finalmente, se presenta el grado de correlación existente entre las variables de depresión e ideación suicida.

Los datos obtenidos en la muestra total nos indican que 83.5% de los estudiantes no presentó ningún síntoma de ideación suicida, mientras que 16.5% sí lo presenta (figura 1).

Ideación suicida

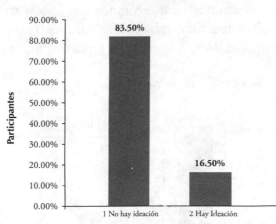

Figura 1. Esta figura indica el porcentaje de estudiantes de la muestra total que presentan ideación suicida y los que no.

Respecto de la depresión, se realizó el análisis de datos y se ubicaron las puntuaciones obtenidas en cuatro grados de depresión. En el primer nivel, que hace referencia a la depresión nula, se ubica 44.5% de la muestra; en el segundo nivel (depresión leve) se encuentra 41.5% de los estudiantes; en el tercer nivel (depresión moderada) se localiza 13.5% de la muestra, en tanto que en el nivel más elevado (depresión grave) se ubicó sólo 0.5% (figura 2).

Niveles de depresión

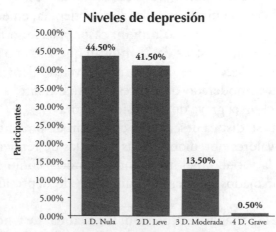

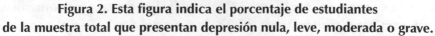

Figura 2. Esta figura indica el porcentaje de estudiantes de la muestra total que presentan depresión nula, leve, moderada o grave.

Específicamente hablando de la carrera de odontología, se encontró que 91% no presentó ideación suicida, en tanto que 9% sí reportó tenerla. En cuanto a la carrera de enfermería, el 76% tampoco presentó ideación suicida, mientras que el 24% restante sí la reportó (figura 3).

Ideación suicida

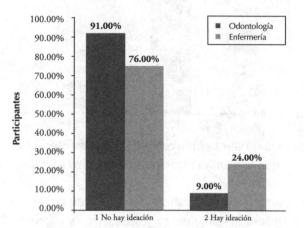

Figura 3. Esta figura muestra el porcentaje de estudiantes que presentan ideación suicida por carrera.

Respecto de la variable de depresión, se encontró que en la carrera de odontología 47% no la reportó; 42% tenía una depresión leve, mientras que 11% se ubicó en el nivel de depresión moderada; en el último nivel (depresión grave) no se presentó ningún caso. Haciendo referencia a la carrera de enfermería, nuestros datos indican que 42% no reportó tener depresión; 41% se localizó en el segundo nivel de depresión; 16% se ubicó en un nivel moderado de depresión; finalmente, solamente 1% se encontró en el nivel grave de depresión (figura 4).

Se empleó la estadística descriptiva con el fin de presentar de manera organizada los valores obtenidos en las medidas de tendencia central y las medidas de la variabilidad, para poder conocer cómo se distribuyeron los datos arrojados por los instrumentos de depresión e ideación suicida.

En el caso de la variable de depresión, las medidas de tendencia central fueron: una media ubicada en 37.07, lo cual significa que el promedio de la muestra total reporta tener 37.07 de depresión, es decir, el promedio de la muestra presenta un nivel de depresión leve; la mediana fue de 36, lo cual quiere decir que 36 es el dato que divide a la distribución por la mitad; por ello, la muestra se localiza por debajo de 36 puntos de depresión (leve) y la otra mitad sobrepasa este puntaje (moderada y grave); finalmente, la moda fue de 37, es decir, ésta es la puntuación que se presentó con mayor frecuencia con el instrumento de depresión.

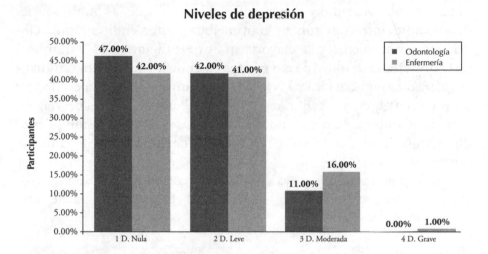

Figura 4. Esta figura muestra el porcentaje de estudiantes que presentan depresión nula, leve, moderada o grave por carrera.

En cuanto a las medidas de la variabilidad que nos indican la dispersión de los datos, encontramos que la mínima puntuación que podía obtenerse era de 20, mientras que la mayor que podía alcanzarse era de 80; sin embargo, las puntuaciones reales obtenidas se ubicaron en un rango de 67 - 20 = 47, es decir, 47 es el número de unidades en la escala de medición necesario para incluir el valor máximo y mínimo; esto significa que las puntuaciones obtenidas por los estudiantes variaron de manera considerable entre sí. Por otro lado, la desviación estándar (s) obtenida fue de 9.97, es decir, el promedio de desviación de las puntuaciones respecto de la media (37.07) fue de 9.97; ésta es la medida en que las puntuaciones se alejaron de la media.

En relación con la ideación suicida, las medidas de tendencia central fueron una media ubicada en 3.75, lo cual significa que el promedio de la muestra no reporta ideación suicida; la mediana fue de cero y la moda también fue de cero, es decir, cero es la puntuación que se presentó con mayor frecuencia en el instrumento de ideación suicida (56%).

En cuanto a las medidas de la variabilidad, encontramos que la mínima puntuación que podía obtenerse era de 0 mientras que la mayor que podía alcanzarse era de 42; sin embargo, las puntuaciones reales obtenidas se ubicaron en un rango de 39 − 0 = 39, esto significa que 39 es el número de unidades en la escala de medición necesario para incluir el valor máximo y mínimo, lo cual indica que las puntuaciones de los estudiantes variaron en gran medida, obteniéndose puntuaciones extremas: mientras la mayoría de los estudiantes (112 alumnos) de la muestra total obtuvo cero puntos en el instrumento, un estudiante alcanzó la puntuación más elevada (39 puntos), faltándole sólo tres puntos para obtener la calificación máxima. Por otro lado, la desviación estándar (s) obtenida fue menor que en el caso de la depresión pues se ubica en 6.62, es decir, la dispersión de los datos respecto de la media fue de 6.62.

Por último, las submuestras de odontología y enfermería son muy similares en cuanto a las medidas de tendencia central, como puede verse en los siguientes cuadros:

Odontología	Depresión	Ideación suicida		Enfermería	Depresión	Ideación suicida
Media	35.96	2.63		Media	38.17	4.87
Mediana	35	0		Mediana	37	0
Moda	30	0		Moda	31	0

De acuerdo con la naturaleza de los datos, para el análisis estadístico se utilizó la prueba paramétrica del Coeficiente de Correlación de Pearson, puesto que se emplea en hipótesis correlacionales, y las variables se midieron en un nivel por intervalos. Al realizar este análisis para establecer una correlación entre las variables de depresión e ideación suicida, se obtuvo una correlación significativa (r = 0.569 p < 0.01) entre ambas variables. Esto quiere decir que, a medida que la depresión aumenta, se registra también un incremento en la ideación suicida, o a la inversa, pues no podemos establecer un sentido de causalidad. El coeficiente de determinación es r2 = 0.32, es decir, que el grado de variación entre una variable y otra es de 32%. El nivel de significancia es de 0.01, lo cual implica que se tiene 99% a favor para realizar generalizaciones.

En la submuestra de odontología se obtuvo también una correlación significativa (r = 0.431 p < 0.01) entre ambas variables. El coeficiente de determinación es r2 = 0.18, es decir, que el grado de variación entre una variable y otra es de 18%. En la carrera de enfermería observamos que la correlación entre las dos variables estudiadas es más elevada respecto de la muestra total y de la submuestra de odontología (r = 0.655 p < 0.01). El coeficiente de determinación es r2 = 0.42, es decir, que el grado de variación entre una variable y otra es de 42%.

Discusión

El objetivo de este estudio fue detectar si en una muestra de jóvenes estudiantes de las carreras de enfermería y odontología de la Facultad de Estudios Profesionales Iztacala se presenta depresión y si esta característica se correlaciona con la ideación suicida.

A través de la aplicación de ambos instrumentos se encontró una prevalencia de ideación suicida de 16.5% en la muestra total de estudiantes; 9% en la carrera de odontología y 24% en enfermería, en contraste con las obtenidas en una investigación hecha en escuelas secundarias y preparatorias en donde se registraron altos índices de ideación suicida, con un rango de 26% a 50% (Martínez y Peña, 2000). Sin embargo, en el estudio realizado por Medina Mora *et al.* (1994; citado en: González-Forteza *et al.*, 1998) se obtuvieron resultados más cercanos a nuestros datos; ya que los investigadores identificaron que, en la semana previa a la encuesta que realizaron, 47% de los estudiantes había notificado al menos un síntoma de ideación suicida, 17% pensó en quitarse la vida y 10% presentó todos los indicadores de ideación suicida.

Benítez *et al.* (1989; citado en: Manelic y Ortega, 1995) señalan que en los estudiantes de especialidades médicas, la tasa más alta de depresión se encontró entre los estudiantes de psiquiatría, además de que la incidencia del trastorno aumenta durante la época de exámenes, por lo que se considera que las demandas académicas son un factor de riesgo. Esto también ha sido observado por investigadores del Proyecto Salud y Familia.

Los resultados del estudio realizado por Manelic y Ortega (*op. cit.*) muestran que los trastornos depresivos son frecuentes en los estudiantes universitarios. Nuestra investigación nos permitió observar que los jóvenes de las carreras de odontología y enfermería de la FES Iztacala atraviesan por estados depresivos en diferentes grados, siendo los más alarmantes los ubicados en puntuaciones altas o extremas. Pudimos encontrar que en la muestra total 13.5% reportó tener un nivel de depresión moderado y 0.5% se ubicó en el nivel grave de depresión. En la submuestra de odontología, 11% presentó un nivel moderado de depresión, mientras que en el nivel grave no se reportó ningún caso. Dentro de la carrera de enfermería encontramos que el 16% se localizó en un nivel moderado de depresión, en tanto que 1% reportó estar en el nivel grave de depresión. La tensión emocional que implica cursar una carrera universitaria, en una población compuesta mayoritariamente de mujeres muy jóvenes, y el que además su trabajo tenga que ver con el dolor, la enfermedad y la muerte, al parecer favorece la aparición de estados depresivos.

Al iniciar nuestra investigación consideramos que la depresión de los estudiantes universitarios de las carreras de odontología y enfermería estaría relacionada con su ideación suicida; de manera que, a mayor depresión en los estudiantes, habría mayor ideación suicida, y a menor nivel de depresión, habría menor nivel de ideación suicida. Los datos mostraron que existen evidencias de que la depresión se encuentra relacionada con la ideación suicida en la muestra estudiada, ya que los resultados indicaron una correlación entre ambas variables, tanto para la muestra total (r = 0.569 p < 0.01), para la submuestra de odontología (r = 0.431 p < 0.01), como para la submuestra de enfermería (r = 0.655 p < 0.01). El hecho de que en la carrera de enfermería se hayan reportado mayores porcentajes de depresión (alcanzando incluso el nivel más grave) y de ideación suicida, nos mueve a suponer que un elemento decisivo es que los estudiantes de enfermería tienen una menor edad y son mayoritariamente mujeres. Como señalan González-Forteza *et al.* (1998b, 2001), se detectó que la ideación suicida se presenta en muchachos muy jóvenes de secundaria y bachillerato, con 15.1% en los varones y 18.2% en las mujeres; en tanto que el malestar depresivo apareció en 14.4% en los varones y en 18% en las mujeres.

Las personas con pensamientos suicidas pueden tener una mayor tendencia a intentar suicidarse y quienes lo intentan una vez es probable que lo intenten de nuevo en menos de un año, con consecuencias fatales (Rotheram, 1993; citado en: González-Forteza *et al.*, 1998a). Por eso es importante estudiar los indicadores de riesgo suicida. Entre estos factores se encuentran: la ideación suicida, los intentos anteriores, la falta de habilidad para enfrentar los problemas, rigidez cognoscitiva, la desesperanza, la depresión, la negativa a buscar ayuda y los trastornos afectivos y de ansiedad. Los estudios que apoyan esta teoría han encontrado 70% de depresión severa y 90% de ansiedad severa en los individuos que se suicidaban (Martínez y Peña, 2000).

Conocer la magnitud de este problema en su justa dimensión es difícil y constituye un reto, puesto que existe un estigma social y religioso que favorece el que se oculte y enmascare el suceso. Y a pesar de que nuestros datos pudieran no ser estadísticamente significativos, se trata de una cuestión que debe estudiarse con mayor profundidad, ya que podría tratarse de un problema de relevancia social.

Como profesionales de la salud, consideramos que, al haber encontrado cierta incidencia de depresión e ideación suicida en los estudiantes de la FES Iztacala de enfermería y odontología, sería conveniente proponer las bases de un programa de atención institucional y generar espacios en los que se atienda de forma psicológica a la población estudiantil, de forma parecida a la atención que existe para otras áreas, como medicina. Sería conveniente el diseño de programas de evaluación y detección así como el diseño de programas de prevención a través de actividades diversas, como talleres, pláticas informales y conferencias a la comunidad estudiantil, para mostrarles esta problemática y ofrecerles canales de salida como la atención clínica a muy bajo costo que ofrecemos en la FES-I a través del servicio de Terapia Familiar Sistémica.

Bibliografía

American Psychiatric Association de Washington (1996). *Manual diagnóstico y estadístico de los trastornos mentales DSM-VI*. México: Masson.

De la Garza, F. (2007). *Depresión en la infancia y adolescencia*. México: Trillas.

Eguiluz, L.L. (1996). Las ideas de suicidio en los jóvenes y el funcionamiento familiar. *Revista Familia*, *2* (enero-junio), 35-41,

——, Nyffeler, E., Alcántara, G., y Chávez, S. (en prensa). Relación entre ideación suicida y clima social familiar. *Revista Sistemas Familiares*. Argentina.

González-Forteza, C., y Andrade, P. (1995). La relación de los hijos con sus progenitores y sus recursos de apoyo: Correlación con la sintomatología depresiva y la ideación suicida en los adolescentes mexicanos. *Salud Mental*, *18* (4), 1-10.

——, Berenzon, S., y Jiménez, A. (1999). Al borde de la muerte: Problemática suicida en adolescentes. *Salud Mental*, *22*, 145-153.

——, Berenzon, S., Tello, A., Facio, D., y Medina-Mora, M. (1998a). Ideación suicida y características asociadas en mujeres adolescentes. *Salud Pública México*, *40*, 430-437.

——, García, G., Medina-Mora, M., y Sánchez, M. (1998b). Indicadores psicosociales predictores de ideación suicida en dos generaciones de estudiantes universitarios. *Salud Mental*, *21* (3), 1-9.

——, Ramos, L., Vignau, L., y Ramírez, C. (2001). El abuso sexual y el intento suicida asociados con el malestar depresivo y la ideación suicida de los adolescentes. *Salud Mental*, *24* (6), 16-25.

——, Villatoro, J., Alcántara, I., Medina-Mora, M., Fleiz, C., Bermúdez, P., y Amador, N. (2002). Prevalencia de intento suicida en estudiantes adolescentes de la ciudad de México: 1997 y 2000. *Salud Mental*, *25* (6), 1-12.

González, G., Sánchez, C., Morales, F., Díaz, R., y Valdez, A. (1999). Niveles de ansiedad y depresión en mujeres con y sin disfunción sexual: Estudio comparativo. *Revista Mexicana de Psicología*, *16* (1), 17-23.

Hernández, R.S., Fernández, C.C., y Baptista, P.L. (2003). *Metodología de la Investigación*. México: McGraw Hill.

Instituto Nacional de Estadística, Geografía e Informática (INEGI) (2004). *Estadísticas de intentos de suicidio y suicidios*. Cuaderno núm. 9.

Instituto Nacional de Psiquiatría Ramón de la Fuente Muñiz (2000). *La depresión en el adulto*. México: Fundación Mexicana para la Salud.

Kerlinger, F. (1999). *Investigación del comportamiento*. México: McGraw Hill.

Luby, J.L. (2003). Modification of DSM-IV criteria for depressed preschool children. *The American Journal of Psychiatry, 160,* 1169-1172.

Manelic, H., y Ortega, H. (1995). La depresión en los estudiantes universitarios de la Escuela Nacional de Estudios Profesionales Plantel Aragón. *Salud Mental, 18* (2), 12-21.

Martínez, P., y Peña F. (2000). El suicidio y los adolescentes. *Revista Información Clínica, 11* (2), 57-64.

Masten, W.G., Caldwell-Colbert, A., Williams, V., Jerome, W., Mosby, L., Barrios, Y., y Helton, J. (2003). Gender difference in depressive symptoms among Mexican adolescents. *Anales de Psicología, 19* (1), 91-95.

Newman, W.L. (1997). *Social research methods: Qualitative and quantitative approaches.* Caps. 2 y 3. Boston.

National Institute of Mental Health (2006). Depresión. Publicación núm. 023561. Estados Unidos: NIMH. http://www.nimh.nih.gov/publicat/spdepresion.ctm. Consultado, octubre del 2006.

Pfeffer, C.R. *et al.* (1992). Relationship between depression and suicidal behavior. En M. Shafii y S.L. Shafii (eds.). *Clinical guide to depression in children and adolescents.* Washington: American Psychiatric Press.

Acerca de los autores

Luz de Lourdes Eguiluz Romo
Es profesora e investigadora de tiempo completo de la FES-Iztacala, UNAM. Es tutora del posgrado y jefa del proyecto de investigación "Salud y familia". Pertenece al Consejo Mexicano de Terapia Familiar y es miembro fundador de la Asociación Mexicana de Suicidiología.

Victoria E. Cuenca
Es egresada de la tercera generación de la maestría de terapia familiar de la FES-1.

Juan Manuel Campos Beltrán
También egresado de la maestría de terapia familiar y junto con la maestra Cuenca forman parte del grupo de investigación "Salud y familia" que coordina la doctora Eguiluz.

Ana María Chávez Hernández
Pertenece a la Facultad de Psicología de la Universidad de Guanajuato. Es presidenta de la Asociación Mexicana de Suicidología. Es miembro del Círculo Psicoanalítico Mexicano.
anmachavez@hotmail.com

Luis Fernando Macías García
Pertenece a la Facultad de Filosofía y Letras de la Universidad de Guanajuato. Es miembro del Círculo Psicoanalítico Mexicano.

Sergio Javier Juárez Dávalos
sergio_corr@hotmail.com

Catalina González-Forteza
gonzac@imp.edu.mx

Alberto Jiménez Tapia
Dirección de Investigaciones Epidemiológicas y Psicosociales; Instituto Nacional de Psiquiatría Ramón de la Fuente Muñiz.

José Carlos Rosales Pérez
Profesor Asociado "C" tiempo completo, definitivo de la licenciatura en psicología de la salud de la UNAM. Corresponsable del proyecto de investigación PAPIIT "Modelo de identificación de la ideación suicida en jóvenes universitarios".
jcrosales@campus.iztacala.unam.mx

Martha Hermelinda Córdova Osnaya
mcordova@campus.iztacala.unam.mx

Quetzalcóatl Hernández Cervantes
Candidato a doctor en psicología por la UNAM.
qhernandez@medscape.com.

María Emilia Lucio Gómez-Maqueo
Profesora-investigadora de la Facultad de Psicología de la UNAM.
melgm@servidor.unam.mx.

Isabel Valadez Figueroa
Departamento de Salud Pública, Centro Universitario de Ciencias de la Salud
Universidad de Guadalajara.
dravaladez@yahoo.com.mx

Raúl Amezcua Fernández
Universidad Autónoma Benito Juárez de Oaxaca.

Noé González Gallegos
Departamento de Salud Pública, Centro Universitario de Ciencias de la Salud
Universidad de Guadalajara.

Esta obra se terminó de imprimir
en mayo de 2011, en los Talleres de

IREMA, S.A. de C.V.
Oculistas No. 43, Col. Sifón
09400, Iztapalapa, D.F.